GLOBAL GARDENING
DIE VIELFALT DER WELT IM EIGENEN GARTEN

von Thomas Amersberger
Fotos: Christoph Böhler

Impressum:
ISBN: 978-3-903113-17-6
2017 echomedia buchverlag/echo medienhaus ges.m.b.h.
Media Quarter Marx 3.2
A-1030 Wien, Maria-Jacobi-Gasse 1

Produktion: Ilse Helmreich
Layout: Elisabeth Waidhofer
Lektorat: Tatjana Zimbelius
Herstellungsort: Wien

Besuchen Sie uns im Internet:
www.echomedia-buch.at

INHALT

VORWORT	5
EINLEITUNG	9
WIE ALLES BEGANN	15
ONLINE-GARDENING UND KLIMAWANDEL	51
DER SCHLAMPIGE GARTEN – SLOW GARDENING	71
DER GARTEN FÜR ALLE SINNE	93
DAS ANLEGEN EINES ARTENREICHEN NATURGARTENS DER ZUKUNFT	105
BACK TO THE ROOTS	151
MEINE FAVORITEN UND PFLANZEN FÜR DIE ZUKUNFT	155
TROCKENHEITSVERTRÄGLICHE BÄUME	211
ÜBERWINTERUNGSSCHUTZ	217
ONLINE ZUM BESSEREN GÄRTNER	223
EIN LEITFADEN DURCHS INTERNET	229
REGISTER	237

VORWORT

Muskatellersalbei (Salvia sclarea ssp. turkestanica) mit Riesenfedergras

Die ganze Welt zu Gast in einem prachtvollen Garten? Ja, das gibt es. Unter Pflanzen, versteht sich. Ein durchaus völkerverbindender botanischer Gedanke, der für alle anderen Geschöpfe auf dieser Welt noch Utopie ist.

Mein Freund Thomas Amersberger hat mir mit seinem Garten gezeigt, wie scheinbar Unmögliches möglich sein kann, nicht nur im feinen pannonischen Klima.

Ich wollte es ja nicht glauben, aber ich habe es mit eigenen Augen gesehen. Und das werden Sie auch, in diesem prachtvollen Buch, in dem Tropisches, Exotisches und Heimisches prächtig miteinander auskommen und gedeihen.

Falls Sie einen Garten haben oder einen ganz besonderen anlegen wollen oder einfach nur ein Pflanzenliebhaber sind, dann blättern Sie einfach weiter.

Sie werden Ihr buntes und grünes Wunder erleben.

Chris Lohner

EINLEITUNG

DAS DIGITALE ZEITALTER PRÄGT UNSERE GÄRTEN NACHHALTIG

Links: Mediterrane Duftkräuter wie Salbei (Salvia officinalis) und Heiligenkraut (Santolina chamaecyparissus) sind die erste Wahl an sonnigen und trockenen Hängen.
Rechts: Granatapfel (Punica granatum „Rubra Plena") und Yucca rostrata „Green", begleitet von Brandkraut (Phlomis fruticosa) und Heiligenkraut (Santolina chamaecyparissus) als zeitgemäße Pflanzung an heißen und trockenen Stellen.

Internet und globale Erwärmung prägen unsere Zeit und beeinflussen unsere Gesellschaft immer stärker. Ist diese Entwicklung auch in unseren Gärten sichtbar geworden? In diesem Buch möchte ich aufzeigen, wie sehr sich Gartengestaltung und Pflanzenauswahl durch den regen Informationsfluss im Internet bereits verändert hat und weiter verändern wird und wie sich durch die Klimaveränderung neue Möglichkeiten für den Garten ergeben. Mein eigener Garten, der ursprünglich als reiner Versuchsgarten angelegt wurde, ist mittlerweile zu einem Schaugarten und Refugium für Wildtiere gewachsen und hat mit seiner Vielfalt noch jeden Besucher in Erstaunen versetzt. Der Garten, der zum Erscheinungsdatum dieses Bandes 15 Jahre alt sein wird, hat sein vielfältiges Gestaltungsbild dem digitalen Zeitalter zu verdanken. Auf den folgenden Seiten möchte ich Gartenbesitzer und solche, die es noch werden möchten, dazu anregen, sich die Vorteile der neuen Zeit zunutze zu machen und sich entsprechend den natürlichen Gegebenheiten vor Ort ein Gartenparadies zu schaffen, das über Jahre erfreut und überrascht. Da Bilder mehr als tausend Worte sagen können, war es mir ein wichtiges Anliegen, dass ein professioneller Fotograf dieses Buch zu einem Bild- und Schmokerband werden ließ und der von mir gelieferte Text Lust auf Neues macht und Sie als Leser zum Weiterrecherchieren verleitet. Ein großes Anliegen ist es mir auch, dass unsere Gärten nicht nur Rückzugsgebiete für gefährdete Wildtiere werden können, sondern dass auch die Gestaltung des Gartens selbst nachhaltig ist.

PVC-FOLIEN SOLLTEN NICHT DIE ZUKUNFT UNSERER GÄRTEN PRÄGEN

Es macht mir Kummer zu beobachten, wie man plötzlich zu glauben scheint, nur noch mit PVC-Folien Gartengestaltung machen zu können, um den „faulen" Gärtner zu unterstützen. Hochbeete, die mit Kunststofffolien ausgelegt werden, und ganze Vorgärten, die mit Unkrautvlies und Schotter zu monotonen Wüsten umfunktioniert werden, können doch nicht die Zukunft der Grünraumgestaltung sein! Denkt denn hier niemand weiter? Jede PVC-Folie zerfällt mit der Zeit in ihre Einzelteile, und so verseucht sich jeder Gartenbesitzer den eigenen Boden mit Mikroplastik. Aus diesem Grund habe ich auch ein eigenes Kapitel dem Thema „Back to the Roots" gewidmet. Gerade beim Gemüsegarten habe ich immer wieder beobachtet, dass die Feldbaumethode, die unsere Großeltern angewandt haben, ganz einfach die sinnvollste ist und den besten Ertrag bringt. Im Übrigen ist diese Methode bereits tausende Jahre alt und wurde aus dem Mittelmeerraum nach Mitteleuropa zu einer Zeit importiert, als hierzulande das Überleben nur durch Jagen und Sammeln gesichert war. Der Ackerbau der Hochkulturen im Mittelmeerraum bestand eben aus Pflanzungen in Reih und Glied, damit dann die oberste Erdkruste mit einer Hacke einfach immer wieder aufgelockert werden konnte. So konnte Unkraut zu Gründünger verwandelt werden, und die lockere Erdschicht an der Oberfläche minimierte die Verdunstung des Bodens.

LATEINISCHE PFLANZENNAMEN WERDEN IMMER WICHTIGER

Zypressen sind im Weinbauklima ausreichend winterhart und bringen Struktur und geometrische Formen auf natürliche Art in den Garten. Für die Waagrechte sorgt hier der Etagen-Hartriegel (Cornus controversa „Pagoda").

Die zwei wichtigsten Faktoren der digitalen Welt, die unsere Gärten direkt beeinflussen, sind zum einen der Austausch von Wissen und Erfahrungen auf Gartenforen und zum anderen das Abrufen von Informationen in den Online-Suchmaschinen. Die deutschen Bezeichnungen für Pflanzen sind sehr unpräzise; manche deutschen Ausdrücke werden für völlig unterschiedliche Pflanzen verwendet, und oft hat eine Pflanze mehrere deutsche Namen. So habe ich versucht in diesem Buch die wissenschaftlichen Namen etwas in den Vordergrund zu rücken beziehungsweise sie zumindest immer nach dem deutschen Namen in Klammer anzuführen. Manchmal verwende ich auch nur den lateinischen Namen, weil er kürzer ist und leicht zu merken. Der Trend der Pflanzenbenennung geht auch weltweit in diese Richtung der Vereinheitlichung, denn nur so kann man Informationen zu bestimmten Pflanzen im Internet finden und auch in anderen Sprachen abrufen. Oft ist der wissenschaftliche Name der Gattung ohnehin gebräuchlicher als der deutsche. So spricht man landläufig eher von der Forsythie als vom Goldglöckchen oder von Spiraea als vom Spierstrauch. Gleiches gilt für Gartenforen, egal ob man dort aktiv Wissen austauscht oder sich als stiller Mitleser Anregungen holt; auch hier helfen die lateinischen Namen weiter. Es sind jedoch nicht nur Informationen über Pflanzen sondern sogar die Planzen selber, die man sich übers Internet besorgen kann. Ich habe mir auch erlaubt, einige Pflanzen mit einem deutschen Namen zu versehen, das machen Pflanzenproduzenten ja auch immer wieder aus Marketinggründen. So war die Lagerstroemia lange Zeit im deutschsprachigen Raum als Kreppmyrte kaum nachgefragt, bis Sie ein findiger Baumschulbesitzer auf Indianerflieder umgetauft hat. Eigentlich müsste man Lagerstroemia ja als Sommerflieder bezeichnen, wenn dieser Name nicht schon für Buddleja verwendet werden würde. Um es vorwegzunehmen, ich habe Zauschneria californica hier Wüstenfuchsie genannt, da ihre Blüten der der Fuchsie ähneln und sie aus den Wüstengebieten Kaliforniens und Mexikos stammt. Auf Englisch nennt man sie übrigens Kalifornische Fuchsie. Ebenso habe ich Salvia greggii und Salvia microcarpa auf Deutsch unter dem Ausdruck Wüstensalbei zusammengefasst. Da diese Pflanzen derzeit weltweit im Trend liegen und zwischen beiden Arten laufend viele Hybriden gezüchtet werden, schien mir das ein logischer Schritt zu sein. Derzeit existiert der Name Herbstsalbei, der aber mit der Realität nichts zu tun hat, diese unermüdlichen Sommerblüher erfreuen uns hierzulande bis zum ersten starken Frost, beginnen aber teilweise schon im Frühsommer mit der Blüte. Ich sehe viel Zukunft für diese Pflanzen auch hierzulande, weil sie legendär trockenheits- und hitzeverträglich sind, und da scheint mir ein aussagekräftiger deutscher Name viel sinnvoller.

EIN UNAUFHALTSAMER TREND – PFLANZENSHOPPING IM INTERNET

Waren es vor rund zehn Jahren nur wenige Spezialgärtnereien, die ihre Pflanzen professionell verpackt und auch ins Ausland verschickt haben, so ist dies mittlerweile zu einer eigenen Industrie angewachsen. Pflanzen, über die man im Internet liest und die nur schwer verfügbar sind, kann man heute leicht in der Suchmaschine finden und beim Händler direkt bestellen. Die Verpackungsmethoden sind bei renommierten Baumschulen und Gartencentern meist so professionell, dass sogar filigrane und blühende Pflanzen verschickt werden und in der Regel ohne Schaden ankommen. Diese neuen Möglichkeiten des Informationsaustausches und der schnellen Verfügbarkeit ausgefallener Pflanzen können wir uns in unseren Gärten zunutze machen, um sie in Orte der Vielfalt zu verwandeln. Doch wie fängt man an?

Welche Pflanzen sind ideal für welchen Ort, und wie kann man sie kombinieren? All das versuche ich in den folgenden Kapiteln zu behandeln. Natürlich kann ich nur Tipps und Vorschläge liefern, denn zum einen ist die Vielfalt an Pflanzen und Möglichkeiten der Gestaltung und der Kombinationen eine schier endlose, zum anderen werden ständig neue Pflanzen für die Gartengestaltung sowohl in der Natur entdeckt als auch gezüchtet. Nicht zuletzt lerne auch ich jeden Tag dazu. Als Motivation will ich bereits hier aber jeden ermutigen, auszuprobieren und zu kombinieren, was einem selber gefällt. Nur durch die eigene Erfahrung lernt man und kann sich dann am Resultat der gelungenen Bepflanzung über einen langen Zeitraum erfreuen.

Oben: Viele Auslesen der Calla (Zantedeschia aethiopica) sind mit Winterabdeckung (Laub oder Rasenschnitt) ausreichend hart und blühen an feuchten Stellen auch im Freien. **Rechts:** Der Japanische Losbaum (Clerodendron trichotomum) ist nur für wintermilde Regionen geeignet.

WIE ALLES BEGANN

DIE LEIDENSCHAFT BEGANN IM KINDESALTER

Eine Vielzahl an heimischen Pflanzen kann man wunderbar in naturnahe Blumenbeete integrieren. Hier der Blütenstand des Wiesenbocksbarts (Tragopogon pratensis), umrandet von der Spornblume (Centranthus ruber).

Die meisten Leidenschaften entwickelt man schon im frühen Kindesalter. So war es auch bei mir mit dem „Garteln". Ich hatte das Glück, mit einem großen Garten aufzuwachsen. Bereits als Kind hatte ich die Möglichkeit, einen eher unwirtlichen Teil des Gartens gestalten zu dürfen. In einem Gebäudeschatten und unter Obstbäumen war es nicht so leicht, einen bunt blühenden Garten anzulegen, wie ich ihn schon damals vor Augen hatte, aber so konnte ich erste Erfahrungen mit Schattenpflanzen machen. Schattengärten punkten durch allgemeinen Blattschmuck und hübsche symmetrische und geometrische Formen am Blattwerk. Das saftige Grün wirkt ganz besonders entspannend auf die Seele. Ich habe schon früh damit begonnen, bei Ausflügen und Gartenbesuchen Pflanzen und Samen zu sammeln. Stark geprägt haben mich dann die Reisen mit meinen Eltern als Teenager nach Italien. War das eine andere Welt! Nie werde ich vergessen, mit welcher Spannung ich die Ankunft unseres Nachtreisezuges in Italien erwartet hatte. Vor Aufregung konnte ich kaum schlafen, und sobald der Klang der Schienen und der Stellwerke und Schranken eindeutig italienisch wurde, musste ich im Morgengrauen voller Neugier aus dem Fenster blicken. Zypressen, Zedern, Palmen, Pinien und bunt blühende Pflanzen prägten die Umgebung, und dieser Eindruck der Vielfalt von Formen und Farben in der Landschaft einzig durch Pflanzen hat mich damals stark beeindruckt und bis heute nicht verlassen. Erst einmal in Italien angekommen, waren die Urlaube geprägt vom Aufspüren mir unbekannter Pflanzen, und ich begann dort, wo es ging, Samen zu sammeln, um sie in Österreich zu kultivieren. Bald entstand so eine Sammlung an Kübelpflanzen, aber ich begann auch zu der Zeit schon Mittelmeerpflanzen in den eigenen Garten zu setzen. Das hat vor nun rund 35 Jahren mit Maroni und Zypresse bereits gut funktioniert. Mit den Palmen aus Südtirol war es nicht so einfach, die hielten manchmal ein paar Jahre, und dann erfroren sie wieder. Damals ging ich noch vergleichsweise naiv an die Dinge heran: Hanfpalmen (Trachycarpus) stehen in Südtirol ja auch im Schnee und überdauern starke Fröste. Ich folgerte daraus, dass sie auch nördlich der Alpen gedeihen müssten. Erst später wurde mir klar, dass kleine klimatische Unterschiede für Pflanzen bereits über Gedeih oder Verderb entscheiden können. Hätte es damals schon das Internet gegeben, dann hätte ich mir viele Rückschläge erspart. Es gab ja zu diesem Thema nicht einmal Sachbücher auf Deutsch. Heute weiß man über die Kultur von Exoten und sinnvolle Schutzmaßnahmen viel mehr und kann zudem noch auf Pflanzen zugreifen, die für mehr Winterhärte selektiert wurden oder aus raueren Naturstandorten stammen.

VON JUGEND AN VERSUCHTE ICH NATÜRLICHE LEBENSRÄUME IM EIGENEN GARTEN NACHZUAHMEN

Bereits als Teenager faszinierten mich natürliche Pflanzgesellschaften in ihrer Fülle und Abwechslung. Bergwiesen, Alpenmatten oder pannonische Trockenrasengesellschaften beeinflussten schon damals meine Pflanzungen. So wollte ich keinesfalls eine in den Siebzigern und Achtzigern typische Bepflanzung in monotonen Pflanzengruppen, sondern eine bunte Abfolge von dicht aneinander gepflanzten Blühern, Gräsern und Farnen. Das Ergebnis zeigte mir rasch, dass mein Plan aufging, das Unkraut wurde durch die dichte naturnahe Bepflanzung zuerst auf ein Minimum reduziert, bis sich schließlich nach wenigen Jahren überhaupt keines mehr zeigte. Denn das, was wir Unkraut nennen, sind ja im Grunde genommen die Pionierpflanzen, die in der Natur die Aufgabe erfüllen offenes Erdreich so schnell wie möglich zu besiedeln, damit es zu keiner Bodenerosion kommt. Sobald sich aber ein Gleichgewicht zwischen verschiedenen von uns erwünschten Stauden eingestellt hat, verändert sich der Lebensraum für die Unkräuter derart, dass sie vollkommen verdrängt werden und auch nicht mehr die Nährstoffe vorfinden, die zu ihrem Gedeihen notwendig sind. Mittlerweile liegt diese Art der Gartengestaltung auch im Trend, weil anscheinend die Sehnsucht nach Natürlichkeit und Vielfalt so am ehesten bedient wird. Nach meinem Schulabschluss begann ich mit dem Studium der Landschaftsökologie und Landschaftsgestaltung an der Universität für Bodenkultur in Wien und konnte mein Wissen dort noch vertiefen und verfestigen. Ein dreijähriger Aufenthalt in England hat meinen Blick auf die Gartengestaltung nachhaltig erweitert, und auch ein knapp einjähriger Studienaufenthalt in Spanien hat mich in Hinblick auf die Gartengestaltung und das Wissen über Pflanzen aus dem Mittelmeerraum stark geprägt.

Die Schönheit vertrockneter Blütenstände führt zu mehr Natürlichkeit im Garten. Völlig aufgeräumte Gärten sind steril und für Insekten und Vögel uninteressant und wirken dadurch gleich viel lebloser.

MIT DER JAHRHUNDERTWENDE BREITETE SICH DAS EXOTENFIEBER UNTER GÄRTNERN WIE EIN LAUFFEUER IN INTERNETFOREN AUS

Die exotische Blüte einer Wüstenyucca (Yucca rostrata „Green") thront über einem Mix aus mediterranen und pannonischen Blühpflanzen. Im Vordergrund die heimische Ruthenische Kugeldistel (Echinops ritro).

Zur Jahrtausendwende wurde schließlich das Internet zu einer wahren Fundgrube an neuen und exotischen Pflanzen. Zuerst suchte ich in erster Linie auf US-amerikanischen Gartenforen, um später auch auf den deutschsprachigen Foren und Websites fündig zu werden. Eine Reihe von Mildwintern versetzte große Teile Westdeutschlands in ein wahres Exotenfieber. Besonders entlang des Rheins wurden mit Eifer und Enthusiasmus Palmen, Zypressen und Yuccas gepflanzt. Exotische Pflanzen, von denen man sich nie erträumt hätte, dass sie hier wachsen könnten, hielten plötzlich Einzug in deutschen Gärten. Westernyuccas mit Stamm, neuseeländische und australische Pflanzen, Freilandbananen in Hamburg, ständig waren neue Sensationsmeldungen im Internet zu lesen. In den Folgejahren haben dann ein paar härtere Winter zu Ernüchterung geführt und die Pflanzenauswahl wieder an die echten Bedingungen angepasst. Trotzdem war diese Zeit in den Gartenforen eine sehr angeregte, in der viele Diskussionen geführt und neue Pflanzen vorgestellt wurden. Genau aus dieser Zeit stammen auch viele Ideen zu meinem Garten, den es in seiner jetzigen Pracht ohne Internet nicht geben würde. Das innere Verlangen alles auszuprobieren, was ich da im Internet fand, wurde immer größer. Agaven und Wüstenyuccas im eigenen Garten auspflanzen? Ich musste das einfach ausprobieren. Und so begann ich damit, mich nach einem geeigneten Grundstück umzusehen.

WAHL DES GRUNDSTÜCKS AM NEUSIEDLER SEE

Es sollte eine milde Ecke Österreichs werden. Irgendwo im pannonischen Klimabereich, am liebsten am Neusiedler See. 2002 war es so weit, und ich wurde schließlich am südlichen Ende des Seewinkels fündig, wo bereits die Kleine Ungarische Tiefebene das Klima prägt. Um die Erfahrungen, die ich mit meinem Garten gemacht habe, auch für andere in der Praxis anwendbar machen zu können, möchte ich darauf hinweisen, dass es sich hier um beste Schwarzerdeböden in einem sehr sonnigen und milden Weinbauklima handelt. Die Wärmesummen werden zwar allgemein überall in Mitteleuropa höher und auch die Winter milder, trotzdem gibt es immer wieder extreme Witterungserscheinungen, die besonders in rauen Lagen zu sehr tiefen Wintertemperaturen führen können und so für einige Pflanzen, die hier vorgestellt werden, einen limitierenden Faktor darstellen. Somit sind meine Erfahrungen immer in Hinblick auf die eigenen Gegebenheiten vor Ort zu betrachten. Nach Jahren der Internetsuche hatte ich schon lange Wunschlisten, und so war der Drang sehr groß eine Vielzahl an neuen Pflanzen auszuprobieren. So kaufte ich alles zusammen, was auch in Deutschland schon ausprobiert wurde und dort einige Mildwinter überlebt hatte. Ich dachte mir, wenn es da oben im wesentlich kühleren und feuchteren Klima funktioniert, dann muss es ja hier besonders mit den Yuccas, Agaven und anderen Sukkulenten aus den Wüstenregionen viel besser klappen. Was ich damals nicht wusste, war allerdings, dass der Untergrund, also das Substrat, besonders wichtig ist.

Kater Nero liebt den artenreichen Naturgarten genauso wie viele Wildtiere. Durch den dichten Bewuchs und die zahlreichen Unterschlupfmöglichkeiten können sogar Zauneidechsen neben den Katzen gut überleben.

AUS FEHLERN WIRD MAN KLUG

Die Kombination aus winterfeuchtem Boden und Dauerfrost ist für die meisten Wüstenbewohner tödlich. Erst mit den Jahren erkannte ich, dass auch Hügel aus Sand nicht das Gelbe vom Ei sind, sondern dass Schotterhügel die perfekten Lebensräume für Wüstenpflanzen, aber auch viele beliebte Blütenstauden sind. So gab es in den ersten Jahren viele Ausfälle bei Agaven und Stammyuccas, da diese in feuchten Wintern verfaulten. Der Schwarzerdeboden, der zwar im Sommer sehr durchlässig ist und bei Trockenheit auch sehr hart werden kann, wird im Winter schlammig, und Wechselfröste richten dann auch an Stämmen von Oliven oder Oleander selbst in relativ milden Wintern enorme Schäden durch das Aufplatzen der Rinde genau am Humushorizont an. Trotzdem überlebten mehr, als ich mir gedacht hätte, und so waren die geschützten Plätze rund ums Haus bald dicht vollgepflanzt. In den folgenden Jahren musste ich immer mehr Hügel schaffen, um weitere Auspflanzkandidaten auf die Probe zu stellen. Aber da stellte nicht nur Bodenfeuchte im Winter für die Trockenheitskünstler eine Herausforderung dar, sondern auch die ausgedehnten Trockenheits- und Hitzeperioden gerade in den ersten Jahren der Anlage des Gartens waren in Problem.

Alle Kieswege wurden natürlich und ohne Folien angelegt. So kann am Wegesrand die Wüstenyucca (Yucca rostrata) im durchlässigen Substrat bestens gedeihen.

DIE TROCKENHEIT WAR MEIN GRÖSSTER WIDERSACHER

Noch immer denke ich mit Grauen daran, dass ich den ganzen Sommer damit verbracht hatte, unzählige Stunden lang zu wässern. Auf den berühmten Hitzesommer 2003 folgte ein weiterer heißer und trockener Sommer 2004. Jeweils vier Stunden gießen am Vormittag und am späten Nachmittag bis zum Einbruch der Dunkelheit war an der Tagesordnung. Das führte keinesfalls dazu, dass die Pflanzen sichtbares Wachstum zeigten oder sich etablieren konnten, nein, es war notwendig, damit sie die trockenen Jahre überhaupt überstanden. Erst als etwas feuchtere Jahre folgten, konnten sich dann langsam Bäume und Sträucher einwurzeln. Für Exoten wie Hanfpalmen war die Trockenheit im Sommer gepaart mit den trockenkalten Ostwinden im Winter eine wahre Herausforderung. Auch hier sind durch mangelnde Erfahrung und Fehler beim Winterschutz einige Pflanzen eingegangen. Wenn Palmen keine ausreichende Wasserzufuhr im Sommer haben und sich nicht etablieren können, dann ist ihre Winterhärte um einiges reduziert. Etablierte, gut eingewurzelte und vitale Exemplare können auch härtere Winter besser wegstecken. Aber es folgten ja glücklicherweise feuchtere Sommer, und in Kombination mit ausreichender Bewässerung konnten sich auch Exoten wie verschiedene Palmenarten schließlich erfolgreich ansiedeln. Mittlerweile wachsen im Garten verstreut weit über vierzig Palmen der verschiedensten Arten – viele davon schon über zehn Jahre im Freien und die meisten davon ohne Schutz im Winter. Sehr bald musste ich auch lernen, dass man im Garten nicht gegen die Bedingungen oder das Lokalklima bepflanzen sollte. Das erzeugt über lange Sicht nur Frust. Kamelien oder Rhododendren haben im Osten Österreichs mit wenigen Ausnahmen nichts verloren, denn hier gibt es meist zwei Faktoren, die einer erfolgreichen Kultur widersprechen: zum einen die trockenen Winde besonders im Sommer und zum anderen die sehr kalkhaltige Erde und das meist auch kalkhaltige Brunnenwasser. Hier ist es wesentlich sinnvoller und auch ökologisch vertretbarer zu Pflanzen zu greifen, die langfristig überleben können und uns mit weniger Aufwand Freude bereiten.

PFLANZEN NACH DEN STANDORTBEDINGUNGEN AUSWÄHLEN ERSPART FRUST UND IST ÖKOLOGISCH SINNVOLL

Oft gibt es für viele Pflanzen Alternativen. Ich habe zum Beispiel ein Faible für Fuchsien. Leider werde ich im pannonischen Klima auch mit Freilandfuchsien nie eine wirkliche Freude haben. Alleine die zu niedrige Luftfeuchtigkeit wird das Wachstum und die Vitalität hier immer einschränken. Aber da gibt es eine gute Alternative: Die Wüstenfuchsie (Zauschneria californica) braucht weder zusätzliche Bewässerung, noch hat sie Probleme mit Kalk. Im Schotter an sonniger Stelle gepflanzt, entwickelt sie sich zu einer kleinen Staude, die den ganzen Sommer durch unermüdlich blüht. Es gibt derart viele attraktive Blüher, die noch nicht im Standardsortiment von Gärtnereien vertreten sind, dass ich sehr hoffe, alle Leser hier mit vielen neuen Pflanzideen inspirieren zu können, auf dass unsere Gärten für Mensch und Tier vielfältiger werden und wir alle unsere eigenen Paradiese nach unserem Geschmack gestalten und weiterentwickeln können.

Wie flatternde Spiegeleier zieren die großen Blüten des Kalifornischen Baummohns (Romneya coulteri) die Kiesbeete.

Links: Prachtkerzen (Gaura lindheimeri) tänzeln vor den verschiedenen Yuccaarten vom Hochsommer bis in den Spätherbst in perfektem farblichem Kontrast. Rechts: Der Fruchtstand des Japanischen Losbaums (Clerodendrum trichotomum) ist mindestens so attraktiv wie die Blüte.

DIE EINZELNEN ENTWICKLUNGS-SCHRITTE ZU MEINEM GARTEN

Der erste Hügel aus Sand entsteht

Ich hatte ja das Glück ein Grundstück zu übernehmen, das anfänglich fast völlig unbepflanzt und ohne jegliche Gestaltung versehen war. Es war einfach eine über zweitausend Quadratmeter große Rasenfläche mit einer Birke und fünf Haselnusssträuchern. Zwei Jahre später kaufte ich das Nachbargrundstück dazu und hatte so einen Garten von rund 4.500 Quadratmetern. Jetzt konnte ich mich wirklich austoben. Das Element Wasser war das erste, was in den Garten musste – auch weil ich unbedingt einen Lebensraum für Amphibien schaffen wollte, die das ökologische Gleichgewicht im Garten aufrechterhalten sollten. So hab ich zuerst einen kleinen Tümpel händisch ausgegraben, mit Folie abgedichtet und dann mit Schotter den Teichgrund gestaltet. Innerhalb weniger Monate siedelten sich Laubfrosch, Wechselkröte und Wasserfrösche an. Im Jahr darauf ließ ich den Bagger auffahren. Ein Schwimmteich musste her, und mit dem Aushubmaterial entstand über einem Weinkeller, den ich aus alten Ziegeln bauen ließ, mein erster Hügel für trockenheitsliebende Pflanzen. Das Substrat war der Sandboden, der als Mutterboden unter der tiefschwarzen Erdschicht liegt. Außerdem habe ich dann mit Sandsteinen aus der unmittelbaren Umgebung am Südosthang des neuen Hügels eine Legesteinmauer angelegt. Hier pflanzte ich Wüstenyuccas, Agaven und eine Unzahl an mediterranen Kräutern. Um die Kosten im Rahmen zu halten, säte ich zuerst Salbei, Thymian, Oregano und Ysop in einem Beet an und verpflanzte die Jungpflanzen dann auf den Hügel. Einige Rosmarinbüsche vervollständigten

Mein erster Hügel aus Sand, der über dem Erdkeller errichtet wurde, ist ein besonders trockener Lebensraum. An seiner Südostseite wachsen viele mediterrane Pflanzen, Yuccas und winterharte Kakteen. Der große Strauch rechts oben ist der Pfriemenginster (Spartium junceum). Im Vordergrund blüht der heimische Österreichische Lein (Linum austriacum).

Die Kuppel des Sandhügels über dem Erdkeller ist besonders trocken. Hier überleben nur Pflanzen aus dem Mittelmeerraum wie Lavendel und Heiligenkraut, Steppengräser wie Stipa tenuissima und Wüstenpflanzen aus Mexiko wie Yucca faxoniana und Wheelers Rauschopf (Dasylirion wheeleri).

den Duftgarten, den ich mir vorgestellt hatte. Beeinflusst haben mich die Pflanzengesellschaften im Mittelmeerraum: Wer schon einmal bei Sommerhitze in einem Pinienwald oder einer Macchie unterwegs war, weiß, welcher Duft von den Gewürzpflanzen und deren ätherischen Ölen ausgeht. Genau dieses Dufterlebnis wollte ich auch in meinem Garten haben. Viele Jahre später kann ich jetzt mit Freude sagen, dass es bestens geklappt hat. Der Ysop wurde zwar zurückgedrängt, aber Salbei, Oregano und Rosmarin prägen bis heute das Bild und den Duft am „Kellerberg". Die Rosmarinbüsche haben nach vierzehn Jahren bereits dicke Stämme entwickelt und stehen prominent an den Hängen, zusammen mit blühenden Granatapfelbäumen (Punica granatum), Pfriemenginster (Spartium junceum), Heiligenkraut (Santolina chamaecyparissus) und Brandkraut (Phlomis fruticosa). Der Nachteil des Hügels ist der sandige Boden, der in trockenen Jahren tiefgründig austrocknet und nur schwer zu bewässern ist, da er – einmal trocken – die Eigenschaft hat, das Wasser oberflächlich abzuleiten, und dann nur mehr sehr widerwillig annimmt. Viele Neupflanzungen, darunter Wüstenyuccas, konnten im trockenen Sand nicht anwurzeln, und so sind auch viele trockenheitsliebende Pflanzen hier trotz Bewässerung verdorrt. Aus dieser Erfahrung entstand der Wunsch, Hügel mit Schotter oder anderem gröberem Material zu schaffen. Da zur gleichen Zeit das Nachbarhaus saniert wurde, baute ich einen Xerophytenhügel mit altem Bauschutt und Sandsteinen, die bei der Renovierung aus den Mauern des Hauses entnommen wurden.

Ich liebe diese dichten Bepflanzungen, die keinen Unkrautwuchs zulassen. Ein buntes, blütenreiches Durcheinander, das hier von Yuccas, Brandkraut (Phlomis fruticosa), Heiligenkraut (Santolina chamaecyparissus), Königskerze (Verbascum bombyciferum) und winterhartem Säulenkaktus (Cylindropuntia imbricata) geprägt wird.

Bild 1: Dieser Hügel entstand aus antikem Bauschutt und Steinen, die sich in der Mauer des alten Nachbarhauses befanden.
Bild 2: Mehrjährige Mittagsblumen (Delosperma cooperi) und Olympischer Bergtee (Sideritis scardica) fühlen sich im durchlässigen Bauschutt besonders wohl.
Bild 3: Der erste Hügel aus antikem Bauschutt ist jetzt bereits dicht bewachsen.
Bild 4: Yucca rostrata schmückt die Mitte des Hügels.

Weitere zwei Hügel entstehen aus Recyclingmaterialien

Mein zweiter Hügel war also wieder ein reiner Recyclinghügel, diesmal nicht aus dem Bau eines Teiches entstanden, sondern aus antikem Bauschutt. Hier war die Bepflanzung und das Etablieren der Wüstenpflanzen viel einfacher. Das Substrat nahm die Feuchtigkeit besser an und hielt diese besser. Das ist allerdings auch der Nachteil des alten Bauschutts, dass er selbst im Winter die Feuchtigkeit gut hält – gerade Kakteen und Yuccas wollen aber Trockenheit im Winter. Da der Hügel so gut gelang und noch mehr Bauschutt kam, baute ich kurz danach gleich Hügel Nummer drei. Dieser wurde noch größer, und um es gleich vorweg zu verraten. Opuntien und die eher säulenförmigen Cylindropuntien wuchsen hier wie wild. Ich wusste, ich war mit dem Substrat auf dem richtigen Weg. Aber ich erkannte an der Bepflanzung, die ich Jahre davor an der Südseite des Schuppens gemacht hatte, dass reiner Schotter wohl noch besser geeignet wäre. Hier war durch die Bauarbeiten vor dem Schuppen nur Bau-

schutt und Bauschotter. Ich schüttete ganz groben Schotter mit fünf bis sieben Zentimeter großen runden Steinen darüber und bepflanzte auch dort mit Yuccas und Agaven und ein paar Blühern aus dem Mittelmeer. Obwohl der Boden so karg war, wuchs alles noch besser als sonstwo. Somit musste Hügel Nummer vier her.

Die später angelegten Hügel aus ungewaschenem Schotter und nur ganz wenig beigefügter Erde erwiesen sich als besonders problemlos. Hier probiere ich sogar winterhärtere Olivensorten aus, die nur durch die exzellente Drainage Überlebenschancen im Winter haben. Auch Yuccas, Opuntien und viele Blüher wachsen hier am besten.

Reich blühende Hügel aus grobem Bauschotter

Ich hatte schon einiges an Erfahrung gesammelt und beobachtet, was die meisten Pflanzen wirklich brauchen. Je nährstoffreicher der Boden, umso mehr Gras siedelt sich an – oder eben Unkraut. Sobald das Substrat abgemagert wird, können sich Blühpflanzen viel besser durchsetzen. Doch nicht nur das, sie werden größer und blühen auch reicher. Besonders bei der pannonischen Schafgarbe ist es beeindruckend, um wie viel schöner sie im reinen Schotter wird. Den ganzen Winter über träumte ich von der Üppigkeit, in der meine Wüstenpflanzen im reinen Schotter dann wachsen werden. Die Sehnsucht nach dem perfekten Substrat für mein neues Wüstenbeet war so groß, dass die Bauarbeiten gleich nach Ende des Winters beginnen mussten. Für den vierten Hügel grub ich zuerst rund zwanzig Zentimeter Erde ab, dann wurde eine von mir ausgewählte Schottermischung aufgeschüttet. In die Pflanzlöcher kam immer etwas sandige Gartenerde mit hinein. Es sind dann maximal zehn Prozent Erdanteil dazugekommen. Dieser Hügel wucherte in kürzester Zeit zu und verwandelte sich in ein blühendes Paradies voller Insekten und seltener exotischer Pflanzen. Schnell erkannte ich, dass ich eigentlich viel zu dicht gepflanzt hatte. Die Begleitpflanzen der Yuccas, wie Penstemon oder Salvia greggii, explodierten geradezu und überwucherten die Yuccas und Agaven. Also mussten mehr Schotterhügel folgen. Drei kamen noch dazu und sind in kürzester Zeit ebenso vielfältige Lebensräume geworden. Hier war Platz, um einige Gewächse vom ersten Schotterbeet zu verpflanzen und dort den einzelnen Raritäten wieder Platz zu geben. Es wäre mir aber zu langweilig geworden, nur Wüstenvegetation im Garten zu haben, und so hatte ich auch große Lust, an der Nordseite des Hauses einen Schattengarten mit Farnen und Funkien zu gestalten. Ursprünglich war an dieser Stelle ein Bauerngarten, und so musste ich keine Grasnarbe entfernen.

Bild 1: Der erste Hügel, den ich nur mit Schotter und ganz wenig beigemengter sandiger Erde angelegt hatte, war im Folgejahr schon gut eingewachsen.

Bild 2: Die heimische Pannonische Schafgarbe (Achillea pannonica) hat sich von der Wiese in den Schotter ausgebreitet und wächst hier mit riesigen Blütendolden ungleich üppiger.

Bild 3: Kurz nach der Anlage sah der Schotterhügel noch kahl aus und wurde von Wüstenyuccas dominiert. Doch am Ende des ersten Jahres drohten die Blühpflanzen bereits die Yuccas zu überwuchern; so mussten viele trockenheitsverträgliche Blüher auf weitere neu angelegte Schotterhügel verpflanzt werden.

Bild 4: Der aus Bauschotter einige Jahre zuvor angelegte Hügel ist bereits von winterharten Kakteen und Yuccas überwachsen.

Im trockenen pannonischen Klima können viele Yucca-Arten und Kakteen bei perfekter Drainage gut über den Winter kommen.

Ein Schattengarten entsteht

Als Gegenpol zum sonnigen Schottergarten und zu den wüstenhaften Bepflanzungen wollte ich unbedingt einen Schattengarten anlegen. Es musste ein Platz sein, an dem die Feuchtigkeit besser im Boden bleibt, also kaum Sonne hinkommt und auch keine Winde den Boden schnell austrocknen können. Dafür gab es einen idealen Platz auf der Nordseite des Hauses, wo ein undurchdringlicher Dschungel aus Holunderbüschen und Himbeeren wuchs. Der Schatten, den das Haus spendet, ist ideal, und auf der Westseite ist zusätzlich eine Mauer, die den Wind abhält. Gerade für den schattigen Bereich, der für manchen Gartenbesitzer ein Problem darstellt, gibt es in Wirklichkeit eine unendliche Zahl an geeigneten Gewächsen, darunter viele meiner Lieblingspflanzen, die ich unbedingt im Garten haben wollte. Das saftige Grün und die schönen geometrischen Formen der Farne und Funkien bereichern den Garten das ganze Jahr über. Reich blühen lassen kann man den Schattengarten im Frühling, denn Nieswurzen (Helleborus-Hybriden) und Schneerosen blühen bereits ab dem Spätwinter. In leuchtendem Gelb wuchern die vielen Zuchtformen des Scharbockskraut (Ranunculus ficaria) dann zusammen mit Schneeglöckchen im März. Winterlinge, Leberblümchen, Buschwindröschen und Primeln sind nur einige Beispiele für weitere Frühjahrsblüher im Schattenbeet. Der eigentliche Reiz der typischen Pflanzen für den Schatten ist aber der Blattschmuck. Hier waren mir besonders immergrüne Farne wichtig, damit der Bereich im Winter nicht trostlos aussieht. Meine Lieblingsfarne sind Setiferum, Cyrtomium falcatum und Woodwardia. Funkien, die sich in den letzten Jahren allgemein großer Beliebtheit erfreuen, vervollständigen für mich das Bild. Wenn man einige Sommerblüher dazu möchte, dann eignet sich Anemone tomentosa oder japonica bestens. In feuchten Regionen gedeihen auch winterharte Fuchsien und Hortensien. Weniger bekannt, aber für den Schatten ebenso hervorragend geeignet, ist Clerodendrum bungei. Nicht sonderlich winterhart, regeneriert sich die Pflanze durch unterirdische Ausläufer auch nach strengen Wintern wieder, vermehrt sich rasend schnell und kann so große Bereiche des Gartens in Anspruch nehmen.

Bild 1: Wissenschaftlich gesehen gehören Schneerosen und Nieswurz zur gleichen Familie. Bei Helleborus x hybridus gibt es Blühfarben von weiß über rot bis fast schwarz.

Bild 2: Helleborus argutifolius braucht viel Platz, ziert aber mit seinen immergrünen ledrigen dicken Blättern den Garten das ganze Jahr hindurch.

Bild 3: Nicht alle immergrünen Farne sind überall winterhart, bei Kahlfrösten müssen sie im rauen Klima mit einer Schicht Laub geschützt werden. Besonders exotisch wirkt der Sichelfarn (Cyrtomium falcatum) in der unteren Bildhälfte.
Bild 4: Viel Blattschmuck im Winter liefern Helleborus-Hybriden, am rechten Bildrand wieder der Sichelfarn (Cyrtomium falcatum).

Der traditionelle Bauerngarten nach pannonischer Art

Der Schattengarten geht dann sukzessive in den Bauerngarten über, den ich mit dem Kauf des Nachbargrundstücks erworben hatte, und der in seiner Artenvielfalt von Jahr zu Jahr reicher wird. Die alten und zahlreichen Horste der Pfingstrosen blieben genau wie die alten Strauchrosen an ihren alten Plätzen, dazwischen waren ursprünglich viele einjährige sich selbst versamende Blüher. Ja, Blackbox-Gardening ist keine neue Erfindung, sondern das gibt es wohl schon solange es Ziergärten gibt. Da die einjährigen Blüher aber immer wieder offene Erde brauchen und dadurch auch der Unkrautwuchs angeregt wird, habe ich mehr und mehr auf eine bunte Vielfalt an mehrjährigen Stauden gesetzt. So begann ich verschiedene Arten der Fackellilie (Kniphofia) und Präriestauden aus Nordamerika in den Bauerngarten zu integrieren. Sehr einfach und problemlos sind unter den Präriepflanzen Rudbeckia, Kokardenblume (Gaillardia), Echinacea, Coreopsis, Vernonia und Heliopsis. Dazwischen blühen noch immer einjährige Blüher, aber der Arbeitsaufwand ist so deutlich verringert, und auch die Abwechslung an Farben und Formen ist entscheidend gesteigert worden. Gerade im Bauerngarten, der aufgrund der traditionellen Bepflanzung mit Obstbäumen teilweise

Bild 1: Wildtulpen kommen in letzter Zeit wieder groß in Mode und sind zum Verwildern im Kiesbeet gut geeignet.
Bild 2: Auch bei Narzissen werden natürlich scheinende Zuchtformen und Naturformen vermehrt nachgefragt.
Bild 3: Die Kokardenblume (Gaillardia) ist schon lange in Bauerngärten zu finden, aber im Schotter wuchert sie geradezu.

Bild 4: Rosen waren immer in Bauerngärten zu finden, um ausreichend Schnittblumen für Gräber und Tischschmuck zu haben. Das Farbenspiel mit den Samtnelken (Lychnis coronaria) im Hintergrund gefällt mir bei dieser Rosensorte besonders gut.

auch halbschattige Plätze aufweist, ist es mir wichtig, dass er so bepflanzt ist, dass es von Frühling bis Spätherbst in möglichst gleichbleibender Intensität durchblüht. Hier prägen Narzissen und Tulpen den Frühling, die Präriestauden und einjährigen Blühpflanzen den Sommer und schließlich Astern und Chrysanthemen den Herbst. Auch die Struktur ist mir sehr wichtig, wie in einem Dschungel will ich ein buntes Durcheinander an Blühpflanzen sehen. Da können unten ruhig Bodendecker und niedrige Blüher regieren, solange auch der Phlox in der mittleren Etage seinen Lebensraum hat und darüber die Stockrose oder Gaura im Wind tänzeln. Das ist ein Aufbau, wie man ihn in jeder Blumenwiese beobachten kann, aber eben mit selbst ausgesuchten Blütenstauden.

Englische Rosen von David Austin gehören zu meiner Gartenleidenschaft untrennbar dazu. Im Bild links „Graham Thomas", eine unermüdlich blühende gelbe Strauchrose. Im Bild rechts steht die Steppenkerze (Eremurus stenophyllus) inmitten von einem Meer von Jungfer im Grünen (Nigella damascena).

Ein Gemüsegarten und Obstbäume gehören einfach dazu

Ein Garten darf für mich nicht nur ein Ort sein, um die Seele baumeln zu lassen, den Wildtieren Raum zu geben und wo unsere Sinne durch Duft und Farbe stimuliert werden, sondern er soll auch ein Nutzgarten sein, wo man da und dort naschen kann und sich wenigstens über den Sommer hinweg auch mit dem eigenen Gemüse versorgen kann. Ich möchte, dass ein Garten weder nur das eine noch nur das andere ist, denn beides ist wichtig. Man muss nicht alles, was im Garten wächst, essen können, aber umgekehrt soll man sich, wenn man schon einen Garten hat, damit auch etwas vom Supermarkt unabhängig machen und sich mit frischem biologischem Obst, Gemüse und Gewürzen versorgen können. Deswegen sind Teile des Gartens auch ein reiner Gemüsegarten, wo ich nach traditioneller händischer Ackerbaumethode viele Raritäten an Paradeisern, Paprika, Gurken, Kürbissen, Blattsalaten und vielem mehr anbaue. Die Gemüseflächen haben sich über die Jahre etwas verschoben, je nachdem wo die beste Qualität an Humus zu finden ist und die Lichtverhältnisse und Bewässerungsmöglichkeiten ideal sind. Meinen ursprünglichen Plan, in einem Bereich des Gartens Apfelbäume zu pflanzen, haben Wühlmaus und Trockenheit durchkreuzt. Die heiß-trockenen Jahre 2003 und 2004 haben den Apfelbäumen ordentlich zugesetzt, Wühlmäuse haben ja die Angewohnheit, bereits geschädigte oder eben nicht so vitale Pflanzen derart intensiv anzuknabbern, dass der Exitus schnell folgt. Im sandig-trockenen Boden zeigten sich dafür andere Obstsorten besonders wuchsfreudig. Marille und Mandel etwa überholten schnell alle anderen Obstgehölze. Auch Kakipflaumen zeigten nach kurzer Anwuchsphase ein äußerst vitales Wachstum. Mit den Jahren wurde aus meiner geplanten Streuobstwiese mit Apfelbäumen ein pannonischer Trockenrasen mit verschiedenen mediterranen Obstsorten. Mittlerweile wachsen hier Feigen, Granatäpfel, Kakis, Sharoni, Birnen, Zwetschken, Kirschen, Brustbeeren, Maulbeeren, Marillen, Mandeln und Birnenquitten. Mit der fortschreitenden Klimaveränderung wird sich zumindest in weiten Teilen des Flachlands Ostösterreichs die Zusammensetzung der Obstgärten in diese Richtung entwickeln. Den meisten Gartenbesitzern ist sicher schon aufgefallen, wie viele Äpfel in heißen Sommern unreif vom Baum fallen und wie die Qualität der Äpfel mit Hitze und Trockenheit abnimmt. Zu guter Letzt sollte ich noch den Weingarten erwähnen, den ich mit dem zweiten Grundstück mit erworben und in den letzten Jahren saniert habe. Besonders das Rankgerüst musste von Grund auf erneuert werden. Wein gehört sicher zu den Pflanzen, die mit zunehmender Hitze und Trockenheit gut zurechtkommen, obwohl Wein im trockenen Sandboden Ostösterreichs größere Probleme mit Trockenheit hat als im steinigen Boden des Mittelmeerraumes.

Ein Gemüsegarten kann genauso attraktiv sein wie ein Blumenbeet. Links die Blüte einer Artischocke, im Bild rechts der Austrieb des Spargels.

Kater Nero führt das Regiment im Gemüsegarten. Die Wühlmauspopulation muss schließlich im Zaum gehalten werden, um eine reiche Ernte zu garantieren.

ONLINE-GARDENING UND KLIMAWANDEL

DAS DIGITALE ZEITALTER PRÄGT
UNSERE GÄRTEN NACHHALTIG

Extreme Wetterereignisse verlangen nach neuen attraktiven Pflanzen für unsere Gärten. Besonders in den Hochländern der Türkei und östlich davon warten unzählige kälteverträgliche Steppenpflanzen, die noch für unsere Gärten entdeckt werden können. Hier eine zwei Meter hoch werdende Varietät der Split-Flockenblume (Centaurea salonitana) aus Armenien.

Klimaveränderung und neue Trends in der Gartengestaltung führen zu einem sich schnell verändernden Pflanzensortiment. Informationen über Erfahrungen mit neuen Pflanzen und neue Wege der Gartengestaltung werden im Internet schnell verbreitet, und Foren und soziale Medien bieten die Grundlagen für einen regen Informationsaustausch. Da können zwar große Pflanzenzüchter schnell auf Trends reagieren und den Markt durch neue Methoden der Vermehrung auch sehr rasch mit hohen Stückzahlen beliefern, die traditionellen Gärtnereien und Gartencenter hinken aber eher hinterher – natürlich oft auch aus dem Grund, dass die allermeisten Kunden jene Pflanzen nachfragen und kaufen, die schon seit Langem in Verwendung sind. Der innovative Hobbygärtner und Pflanzensammler hat es aber durch Online-Suchmaschinen leicht, sofern er den wissenschaftlichen Namen der Wunschpflanze kennt, von einer Spezialgärtnerei das Objekt seiner Begierde in kürzester Zeit zu bekommen. Eine stetig wachsende Zahl an Gärtnereien verschickt bereits Pflanzen in sämtlichen Größen, und viele haben ein derart gutes Verpackungssystem entwickelt, dass sogar blühende Pflanzen nahezu unbeschadet per Post oder Paketdienst bis an die Türschwelle geliefert werden. Mein Garten, der jetzt über zweitausend Raritäten aus der ganzen Welt beherbergt, könnte ohne Onlinebestellung, Erfahrungsaustausch und Recherche im Internet niemals so aussehen, wie er das heute tut. Aber mein Garten ist sicher nicht der einzige, der stark vom Internetzeitalter geprägt wurde. Man sieht überall den Trend zu exotischer Gartengestaltung mit Pflanzen, die hier noch vor wenigen Jahren niemand kannte. Immer mehr Gartenbesitzer durchwühlen das Internet und stoßen so auf neue Ideen und Möglichkeiten in der Pflanzenauswahl, aber auch was die Gestaltung des Gartens an sich betrifft.

DER PFLANZENHANDEL KENNT KEINE GRENZEN MEHR

Viele meiner besten Stauden, darunter eine beträchtliche Anzahl an Fackellilien, stammen zum Beispiel aus einer Raritätengärtnerei in England. Auf Präriepflanzen sind mittlerweile einige Gärtnereien in Deutschland spezialisiert, und seltene Ziersträucher und Bäume findet man sehr oft in holländischen Baumschulen. Der Versand innerhalb der EU ist kein Problem, schwieriger wird es, wenn die Pflanzen von außerhalb Europas kommen, da Zertifikate und Untersuchungen notwendig sind. Samen kann man aber auch international meist problemlos beziehen.

Seit dem EU-Beitritt ist die Pflanzenvielfalt in Gärtnereien sichtbar gewachsen. Wer vor Jahren einmal jemanden am Flughafen erspäht hat, dem Olivenbäume und Zypressen seitlich aus dem Handgepäck wuchsen, oder wer in einem Flugzeug keinen Platz fürs Handgepäck hatte, weil das Fach voller Pflanzen war, hat wohl schon einmal ungewollt mit mir Bekanntschaft gemacht. Bei einem meiner zahlreichen Besuche in Madrid gab es einmal verschiedene Arten von Mittelmeerkiefern, Erdbeerbäumen und immergrünen Eichen für Wiederaufforstungsprojekte als kleine Sämlinge zu kaufen. Das ging damals natürlich ganz leicht ins Handgepäck, und daraus sind meine größten und vitalsten Pinien, Aleppokiefern und immergrünen Eichen geworden. Da es zu Beginn des Jahrtausends bei uns weder einen Internethandel mit Pflanzen noch eine große Auswahl an Mittelmeerpflanzen in Gartencenters gab, wurde ich immer mehr selber zum Verpackungsspezialisten und kaufte in den Baumschulen Spaniens die Pflanzen, von denen ich träumte. Dabei klopfte ich so gut es ging die Erde vom Wurzelballen runter, um das Gewicht zu reduzieren, und gab die Pflanzen in große schwarze Müllsäcke. Dann drehte ich sie in den Müllsäcken vorsichtig in den Koffer hinein, weil sie ja doch um einiges länger waren und nicht so leicht ins Gepäck passten. Meine persönliche Kleidung musste notgedrungen ins Handgepäck, und so transportierte ich mehrere Jahre lang erfolgreich meine Lieblingspflanzen im Hartschalenkoffer nach Österreich. Viele andere Pflanzen habe ich aus dem benachbarten Norditalien mit dem eigenen Auto importiert. Meine Beifahrer waren nicht immer ganz glücklich, weil Bäume und Sträucher teilweise bis an die Windschutzscheibe vorragten und die stundenlange Fahrt im Dickicht nicht die gleiche Begeisterung bei den Reisebegleitern auslöste wie der geglückte Kauf bei mir. Aber der Erfolg relativierte die Tortur Jahre später, alles kam gut an, und vieles gehört heute zu den beeindruckendsten Gewächsen, die der Garten zu bieten hat. Das alles sind eben Vorteile, die wir aufgrund der aufgelösten Grenzen im Schengenraum der EU auskosten können. Genauso verhält es sich innerhalb der EU mit dem Versand von Pflanzen, der ja seitdem enorm an Bedeutung gewonnen hat. Aber nicht nur der Import der Pflanzen selber, sondern auch das unkomplizierte Mitnehmen von Samen und Früchten aus anderen EU-Staaten erleichtert das Gärtnerleben. Viele meiner Raritäten wurden erst hier vor Ort aus mitgebrachten Samen hochgezogen und sind nach über zehn Jahren auch schon prachtvoll herangewachsen.

Gerne experimentiere ich ungewöhnliche Pflanzenkombinationen, wie etwa hier Yucca rostrata mit Fackellilie (Kniphofia) im Schotterbeet. Wichtig ist sich zu überlegen, ob auch die Blütezeit zusammenfällt, denn nur so kommt es zum erträumten Farbenspiel.

Die gelbe Steppenkerze (Eremurus stenophyllus) vor den silbrigen Blättern der Geleepalme (Butia capitata). Die Palme ist nicht winterhart und wird im Winter mit Heizdraht unter einer doppelten dicken Vlieshaube geschützt.

DAS EIGENE KLIMA ZU KENNEN IST DAS UM UND AUF BEI DER PFLANZENWAHL

Es empfiehlt sich bei der Pflanzenauswahl immer, sich über das Klima vor Ort zu informieren, denn auch Pflanzen aus dem üblichen Gartensortiment sind nicht überall winterhart oder entwickeln sich abhängig von der Sommerwärme sehr unterschiedlich. Vor dem Kauf meines Grundstücks habe ich jahrelang Internetseiten durchforstet und auf amerikanischen Seiten die Winterhärte einiger Raritäten recherchiert. In den USA wird das Land ja in unterschiedliche Winterhärtezonen unterteilt. Je niedriger die Zahl, umso winterkälter ist das Klima. Auch für Europa wäre eine Unterteilung in Winterhärtezonen sinnvoll. Meist spricht man bei uns vom milden Weinbauklima und eben dem Rest, dem winterkalten Klima. Ganz so einfach ist es aber nicht. So gibt es zum Beispiel innerhalb des Weinbauklimas in Österreich sowohl verhältnismäßig milde Regionen wie das Wiener Becken, entlang der Donau, der Thermenlinie und am Neusiedler See, als auch relativ kalte Regionen wie das Weinviertel und zum Teil auch die Weinbauregionen der Steiermark. Die regional eng begrenzten milden Lagen der Süd- und Oststeiermark befinden sich an den Hängen der Hügel, wo die Kaltluft abfließen kann.

Wenn wir jetzt US-amerikanische Winterhärtezonen hernehmen, so kann man die milden Weinbauregionen Österreichs mehr oder weniger mit der USDA-Zone 7b gleichsetzen. Weinbauregionen, in denen Fröste bis −20 °C vorkommen, wären mit USDA-Zone 7a vergleichbar. Außerhalb der Weinbauregionen sind im Flachland die Winterhärtezonen 7a und 6b verbreitet. Nur die sehr kalten Regionen – entweder

Bild 1: Das Pfahlrohr ist in allen milden Regionen winterhart. Wenn es im Winter oberirdisch abfriert, dann treibt es spätestens im Frühsommer widerwillig aus dem Wurzelstock durch. **Bild 2 und 3:** Nur in den allermildesten Lagen kann der Erdbeerbaum (Arbutus unedo) ausgepflanzt werden. Unter −15 °C friert er so wie auch der Feigenbaum bis ins Holz zurück.

Mittelmeer-Zypressen (Cupressus sempervirens) sind überall im Weinbauklima winterhart (Bild 4). Unter −20 °C können die Pflanzen allerdings genau wie Weinstöcke komplett erfrieren.

inneralpin oder Mühl- und Waldviertel – wären in der USDA-Zone 6a oder teilweise sogar 5b. In Deutschland muss man wiederum die relativ wintermilden meeresnahen Tiefländer im Norden, die den USDA-Zonen 7b und 8a entsprechen, vom milden Weinbauklima entlang des Rheins (ebenfalls Zone 7b und 8a) und dem kontinental winterkalten Osten Deutschlands sowie dem bayerischen Alpenvorland (beide USDA-Zone 7a und 6b) unterscheiden.

Am ähnlichsten zu meinem Klima hier ist der Südwesten Deutschlands, wenngleich die Sommer dort nicht ganz so heiß sind und wesentlich feuchter. In der Schweiz gibt es zahlreiche milde Klimate auch nördlich der Alpen, besonders in der Nähe von größeren Seen, die der Winterhärtezone 8a entsprechen. Mein Garten befindet sich in der USDA-Zone 7b. Jeder Gartenbesitzer sollte sich schlau machen, wo er sich klimatisch ungefähr befindet, damit es bei der Pflanzenauswahl zu keinen bösen Überraschungen kommt. Die magische Zahl 15 sollte sich jeder Gärtner einprägen, denn als Faustregel gilt, dass viele Mittelmeerpflanzen unter −15 °C bodeneben zurückfrieren. Das gilt zum Beispiel für Feige oder Erdbeerbaum (Arbutus unedo).

DER KLIMAWANDEL VERLANGT NACH NEUEN PFLANZEN

Die Winterhärtezonen befinden sich derzeit im Wandel, die bereits veränderten Meerestemperaturen und die neuen Strömungsmuster des Wetters bedingen sicherlich eine neue Klassifikation der Klimazonen, die vermutlich über Jahrzehnte hinweg noch weiter angepasst werden müssen. Wenn auch die Extreme zunehmen, so werden wir uns trotzdem von vielen heimischen Pflanzen verabschieden müssen, weil die Lebensbedingungen einfach nicht mehr passen werden. Grundsätzlich wird es für Arten aus Südosteuropa in Mitteleuropa immer günstiger. Es wird keinen Sinn ergeben Ahorn und Linde mit intensiver Bewässerung am Leben erhalten zu wollen, wenn schon alleine die Sommerhitze enorme Blattschäden verursacht und die Bäume so bis in den Spätherbst unattraktiv erscheinen. In Wien hat man jahrelang mit Baumchirurgie und Pflegemaßnahmen versucht, Ahorn- und Lindenalleen zu retten. Aber es ist ein ökologischer und ökonomischer Unsinn, Pflanzen, die an die Grenzen ihrer Kulturbedingungen gekommen sind, mit viel Aufwand in großer Zahl am Leben zu halten. Die Stadt Wien setzt seit einigen Jahren auf Zürgelbaum, Manna-Esche, Ungarische Linde und andere Vertreter des trocken-heißen Südosteuropas oder aus anderen Erdteilen mit ähnlichem Klima. Auch für den Garten bedeutet dies, dass wir, was Bäume und Sträucher betrifft, endlich umdenken müssen. Denn das, was jetzt gepflanzt wird, erfreut uns in seiner ganzen Pracht erst in Jahrzehnten, wenn das Klima höchstwahrscheinlich noch um ein gutes Stück heißer und extremer geworden ist. Attraktive Bäume und Sträucher, die sowohl Winterkälte als auch Trockenheit und Hitze aushalten, gibt es zur Genüge. Wenn man sich in Budapest umsieht, dann bekommt man schon gute Ideen für Pflanzen, die mit beiden Extremen gut zurechtkommen. Wenn man bedenkt, dass es in Budapest im Sommer deutlich heißer und trockener als in Wien ist und trotzdem im Winter etwas kälter, dann sieht man, dass die Erfahrungen von dort für die Zukunft der Bepflanzung in Mitteleuropa von großer Bedeutung sind.

Bild 1: Die Manna-Esche (Fraxinus ornus) ist in Süd- und Südosteuropa heimisch. Sie ist wärmeliebend, trotzdem winterhart und ein prächtig blühender Garten- und Straßenbaum.
Bild 2: Mit winterlicher Abdeckung oder tief genug gepflanzt, kann auch die Passionsblume (Passiflora caerulea) viele Jahre im Freien überdauern. Sie regeneriert sich immer wieder aus den Wurzelrhizomen.
Bild 3: Yucca rostrata und Herbstfarben vom Chinaschilf (Miscanthus sinensis).

Im Herbstlicht harmonieren die silbrigen Nadeln der Arizona-Zypressen (Cupressus arizonica var. glabra) und die dunkelgrünen Nadeln der Mittelmeer-Zypressen mit den verfärbten Blättern verschiedener Gehölze besonders gut.

Links die viel zu wenig gepflanzte Libanon-Zeder (Cedrus libani) und rechts der ebenfalls noch viel zu seltene Judasbaum (Cercis siliquastrum)

VORAUSSCHAUEND NEUE BAUMARTEN PFLANZEN, DIE HITZE UND TROCKENHEIT VERTRAGEN

Bild 1: Zürgelbäume (Celtis australis) sind die Zukunftspflanzen in unseren Städten und in trockenen Landstrichen.
Bild 2: Manna-Esche (Fraxinus ornus) mit herrlicher Herbstfärbung.
Bild 3: Die Kombination macht es aus: Auch der Herbst kann mit richtig kombinierten Pflanzen farbenfroh zu Ende gehen.

Im Botanischen Garten der Corvinus-Universität in Budapest stehen zwei erwachsene Exemplare des Paternosterbaums (Melia azedarach), der nach Lehrmeinung bei uns nicht winterhart ist. Ich musste das natürlich gleich in meinem Garten ausprobieren, habe mir also ein paar Jungpflanzen aus Samen gezogen und dann einjährig gleich ausgepflanzt, um zu sehen, was passiert. Interessanterweise sind selbst einjährige Pflanzen im ersten harten Winter nur bis zur Hälfte zurückgefroren, im Jahr darauf kräftig gewachsen und im folgenden relativ milden Winter gar nicht mehr zurückgefroren. Einmal etabliert, müsste der Paternosterbaum rund −18 °C aushalten, da ja auch im Botanischen Garten in Budapest diese Temperaturen erreicht wurden. Der Vorteil von Melia ist nicht nur, dass es ein attraktiver Schattenbaum ist, sondern dass er extreme Trockenheit und Hitze aushält und keine Bewässerung braucht. Für die dicht bebauten Bezirke Wiens wäre Melia azedarach sicher einen Versuch wert. Wer einen großen attraktiven Schattenbaum sucht, kann aber auch zu Sophora japonica oder dem im Frühjahr prächtig blühenden Judasbaum (Cercis siliquastrum) greifen. Statt Sommer- oder Winterlinde, die durch die trocken-heißen Sommer und den höheren Umweltstress an den Blattunterseiten von Spinnmilben übersät sind, welche den ganzen Sommer hindurch die Exkremente in Form von klebrigem Nieselregen auf Fenster, Autos und Gehsteige ausscheiden, wäre es sinnvoll die Ungarische Linde (Tilia tomentosa) zu pflanzen, da diese behaarte Blattunterseiten hat, an denen keine Spinnmilben haften können. Die Ungarische Linde wirkt durch die behaarten Blätter silbriger und passt so auch besser zu Gebieten mit heißem Klima. So können zum Beispiel die trockenheitsverträglichen Bäume Ostösterreichs auch zur Identitätsstiftung beitragen und als optischer Indikator einen Gegenpol zum alpin geprägten Teil von Österreich schaffen, was wiederum die Vielfalt innerhalb eines Landes fördert. Gerade Bäume sind Klimaindikatoren und prägen das Landschafts- beziehungsweise Stadtbild nachhaltig. Im eigenen Garten ist meist nicht so viel Platz für Bäume, wie man sie in Parks oder entlang von Straßen einsetzen würde, und außerdem möchte man oft ständigen Wind- und Sichtschutz. Hier eignen sich besonders gut Zedern und Zypressen. Zedern werden mächtig und können eine Menge Wind abhalten und Schatten spenden. Zypressen sind hingegen meist aufgrund ihrer Form Elemente, die man als Akzente in den Garten pflanzt. Während Fichten mit der Klimaerwärmung sehr schlecht zurechtkommen und im Flachland schnell unschön wirken, sind Atlas-Zedern, Libanon-Zedern und die etwas weniger winterharten Himalaya-Zedern sicherlich Bäume für die Zukunft, die lange Freude machen werden. Bei den großen laubabwerfenden Zierbäumen haben es mir Manna-Esche (Fraxinus ornus) und immergrüne Eichen besonders angetan. In milden Lagen ausreichend hart sind immer- oder wintergrüne Hybriden aus Zerreiche (Quercus cerris) und Korkeiche (Quercus suber), die wissenschaftlich unter Quercus x hispanica angeführt werden. Viele bewährte Sorten sind bereits vor rund 250 Jahren selektiert worden. Um hier erfolgreich bestellen zu können, ist man derzeit noch auf das Internet angewiesen. Mein Favorit unter den wintergrünen Eichen ist Quercus x hispanica „Fulhamensis", da sie dunkel glänzendes Laub hat, das besonders lange am Baum bleibt. In kalten Wintern erfrieren zwar die Blätter, bei Temperaturen bis −10 °C bleiben allerdings alle Blätter bis ins Frühjahr am Baum und erfreuen uns mit sattgrüner Üppigkeit an trüben Wintertagen.

DAS RIESIGE ANGEBOT AN STAUDEN AUS DER GANZEN WELT ENTWICKELT SICH STÄNDIG WEITER

Bei Blühstauden und Blattschmuckpflanzen findet man im Internet ein schier endloses Sortiment. Es sind auch heute – genau wie zur Kolonialzeit – noch Botaniker unterwegs, die geeignete Pflanzen für die Gartengestaltung suchen. Durch das Internet und die schnelle Verbreitung von Information hat sich gerade in England und den USA ein wahrer Plant-Hunter-Trend entwickelt. Da werden oft Pflanzen für den Garten entdeckt, die unmittelbar vor der Ausrottung stehen. Sobald eine neu entdeckte Gartenpflanze zum begehrten Objekt wird, was sich im Internet sehr schnell herumspricht, steigt der Wert des Saatgutes. So können sowohl Mutterpflanzen als auch Lebensräume vor der Ausrottung und Zerstörung geschützt werden, weil sie der örtlichen Bevölkerung als Zusatzeinkommen dienen. Leider werden oft aber die Lebensräume schneller zerstört, als sich der Boom für eine Pflanze entwickeln kann. Interessant sind hier die trockenen Gebiete in Klein- und Zentralasien, aber auch die kälteren subtropischen Höhenlagen in Südostasien. Während der Kaukasus und dort speziell Georgien jetzt bereits in unseren Gärten mit wunderschönen Blühpflanzen vertreten ist, gibt es dort noch immer beeindruckende Pflanzen, die es noch nicht bis in unsere Gärten geschafft haben. Weiter östlich, von Armenien über Afghanistan bis Kirgistan und in die winterkalten Regionen Asiens findet man noch viele Pflanzen, die im Sommer keine Bewässerung brauchen und somit für nachhaltiges ökologisches Gärtnern ideal sind. Gewächse aus diesen Regionen habe ich mir ironischerweise aus England schicken lassen. Pflanzensammler sind in den unwirtlichsten Regionen Asiens unterwegs, um neue Pflanzen für uns zu entdecken. Diese werden zuerst in England erprobt und vermehrt. Die zweitwichtigste Region für neue Pflanzen ist für mich derzeit das südliche Nordamerika und das nördliche Mexiko. Hier wurden zusätzlich viele Pflanzen gekreuzt, und so entstanden aus Wildpflanzen attraktive Kulturpflanzen. Auch unzählige Wildpflanzen aus Texas, Arizona und Kalifornien und dem nördlichen Mexiko sind hervorragend fürs Schotterbeet geeignet, wo jegliche Bewässerung nach dem Einwurzeln im ersten Standjahr hinfällig wird. Meine Favoriten sind Bartfaden (Penstemon) und Wüstensalbei (Salvia greggii und microcarpa). Beide Gattungen weisen eine große Artenvielfalt auf. Im Detail stelle ich diese Pflanzen später im Kapitel „Favoriten" vor. Von beinahe jedem Kontinent kann man Pflanzen langfristig hier bei uns kultivieren. Südafrika hat eine Menge zu bieten, eine riesige Anzahl verschiedener Fackellilien (Kniphofia), von denen nur ganz wenige bei uns kultiviert werden; winterharte Schmucklilien (Agapanthus), Mittagsblumen (Delosperma) und viele Einjährige aus den Wüstengebieten, die bei uns als Sommerblüher problemlos wachsen und sich durch Samen über den Winter retten. Aber es gibt auch welche, die hier als einjährige Blüher angeboten werden und in Südafrika in den höheren Bergregionen winterharte Vertreter haben.

Oben: Das Pfahlrohr (Arundo donax „Variegata")
Rechts: Der Wüstensalbei (Salvia microphylla „Hot Lips") vor Yucca faxoniana

EINJÄHRIGE GLASHAUSPFLANZEN SIND ÖKOLOGISCHER UND ÖKONOMISCHER UNSINN

Verbena bonarensis aus Argentinien ist schon lange in Blumenrabatten zu finden. In milden Wintern ist sie mehrjährig. Wenn es ihr gefällt, sät sie sich auch willig aus und passt hervorragend in den natürlichen Garten.

Ökologisch gesehen ist es natürlich wenig sinnvoll, schnell hochgepäppelte Glashauspflanzen zu kaufen, die eine enorme Energie in der Aufzucht verbrauchen. Man sollte stattdessen auf mehrjährige winterharte Vertreter wechseln – es sei denn, die Pflanzen säen sich selbst wieder aus. Gazanien sind da ein gutes Beispiel. Abertausende werden jedes Jahr von einer Heerschaft von Gärtnern in Parks, aber auch im Hausgarten ausgepflanzt. Dabei gäbe es auch Gazania linearis, die nicht weniger attraktiv ist, von Jahr zu Jahr größer wird und als südafrikanische Gebirgspflanze mit ihrer tiefen Pfahlwurzel hierzulande ebenfalls wenig Bewässerung braucht. Der Kontinent, von dem noch die wenigsten Gartenpflanzen kommen, ist Australien. Das hängt damit zusammen, dass es nur wenige winterkalte Regionen gibt, die sich mit Europa messen können. Und doch hab ich es geschafft, ein bisschen Australien und Neuseeland auch in meinem Garten zu kultivieren. Wahrscheinlich nur für die wintermildesten Gebiete geeignet, wächst ein Eukalyptus schon seit Jahren in den Himmel hinauf. Eucalyptus gunnii „Azura" soll bis −20 °C winterhart sein und ist der winterhärteste Vertreter seiner Art. Auch der Neuseeländer Flachs (Phormium tenax) überlebt, sofern man ihn im Winter mit einer dicken Laubschicht schützt. Südamerika fehlt noch, da fällt mir sofort die Fuchsie ein, die mit ihren winterharten Vertretern im südlichen Chile wächst. Für feuchtere Regionen, speziell das Alpenvorland oder das Rheintal, ist die besonders exotisch anmutende Andentanne (Araucaria) die erste Wahl. Bei den Blühpflanzen hat sich Verbena bonariensis aus Argentinien einen Namen gemacht. Sie ist wohl aus fast keiner Blumenrabatte im öffentlichen Raum mehr wegzudenken. Ein weiterer sehr bekannter Vertreter aus Südamerika ist das Pampasgras, es gibt aber eine Menge anderer Gräser und Blüher aus Südamerika, die unsere Gärten erst erobern müssen. Zentralasien habe ich ja bereits erwähnt, aber in Asien sind sowohl die Hänge des Himalayagebirges als auch das gemäßigte Ostasien ein wahres Eldorado der exotischen Gewächse. Selbst aus Japan stammt eine große Menge an interessanten Pflanzen, die hier bestens gedeihen. Vertreter aus Japan und Südostasien sind zum Beispiel die Stechpalmen (Mahonia), die es in verschiedensten Wuchsformen gibt. Seit über einem Jahrzehnt hat auch der Bambus aus diesem Erdteil sein Zuhause in Europa gefunden. Der einzige Kontinent, der dem Garten natürlich nicht dienlich sein kann, ist die Antarktis, aber abgesehen davon können wir die Vielfalt des Globus in unserem Garten einziehen lassen. Allein die Bedürfnisse der einzelnen Pflanzen – wie Substrat, Mikroklima und Wasserversorgung – müssen beachtet werden.

Das heimische Reitgras (Calamagrostis epigejos) darf sich bei mir unter Stauden ausbreiten. Es hat zwar unterirdische Ausläufer und man wird es daher kaum noch los, aber es unterdrückt sehr erfolgreich den Unkrautwuchs und sieht bis in den Winter hinein gut aus.

DER SCHLAMPIGE GARTEN – SLOW GARDENING

Ein bunter Akeleienmix (Aquilegia) ist herrlich im Garten. Wenn man sie immer wieder aussäen lässt, entstehen jedes Jahr neue Farbkombinationen.

In einer Zeit, die immer schneller wird und vom Einzelnen immer mehr Effizienz einfordert, gleichzeitig aber über Social Media eine immer oberflächlichere Interaktion zwischen den Menschen stattfindet, bietet gerade der eigene Garten einen Gegenpol. Dort muss nach Gesetzmäßigkeiten der Natur gelebt werden, und man kann sich erden und die Seele baumeln lassen. Der Witterungsverlauf und unser eigener Einsatz im Garten verändern das Bild nicht immer unmittelbar. Die eigentliche Pracht eines Gartens entwickelt sich über Jahre und Jahrzehnte hinweg in einer Symbiose von Gärtner und den Kräften der Natur. Wenn es auch immer mehr Mode wird, ausgewachsene Bäume mit Kränen und anderem schweren Gerät zu verpflanzen, so können die Atmosphäre und der Charme eines von selbst gewachsenen und groß gewordenen Gartens niemals durch Geld und enormen Arbeitseinsatz einer Gartenfirma erreicht werden. Denn Gärtnern ist auch selber die Hände in die Erde stecken, Erfahrungen machen, kleine Pflanzen wie seine eigenen Kinder hochpäppeln, um dann viele Jahre später stolz darauf sein zu können, dass daraus ein stattlicher Baum wurde. Die Freude an der laufenden Pflege und der begleitenden langjährigen Beobachtung, bis letztendlich die Pflanze erwachsen geworden ist, macht ja das eigentliche Gärtnern aus. Ich schaue mir oft die Bilder an, als alles noch winzige Jungpflanzen waren und ich Besuchern vorschwärmte, welche Raritäten das wären und in welch tollen Farben und Formen das alles einmal blühen würde. Meist kam ein freundliches Nicken und ich spürte, dass sich so mancher Besucher wohl dachte: Na der hat ja ein gutes Vorstellungsvermögen, aber dieses kleine Armutschkerl wird doch niemals eine meterhohe Prachtstaude werden! Natürlich hätte keiner es gewagt, mich in meinem Enthusiasmus zu bremsen. So ging es über Jahre, dass ich im Slalom mit dem Rasenmäher rund um undefinierbare „Krampen" fuhr, bis eines Tages der Zeitpunkt kam, da alles eine Größe erreicht hatte, die erkennen ließ, was da einmal entstehen würde.

EIN NEUER GARTEN ENTFALTET SEINE SCHÖNHEIT ERST NACH JAHREN

Der Garten zeigte erste Formen. Italienische Zypressen, die als Jungpflanzen noch zersaust und formlos wirkten, waren plötzlich makellos spitz und dicht benadelt und ragten aus der Naturwiese heraus. Meine geliebten Kreppmyrten (Lagerstroemia) fingen plötzlich in den grellsten Farben überreich zu blühen an, genau wie ich es Jahre zuvor meinen Besuchern geschildert hatte. Eigentlich war es aber noch viel schöner, oder vielleicht wirkte es auch nur schöner, weil der Traum und meine Vorstellung vom Garten allmählich in Erfüllung ging und Realität wurde und deshalb die Freude groß war. Die Besucher von damals, die erst Jahre später wieder kamen, waren von den Veränderungen beeindruckt. Einige konnten sich an meine bildhaften Schilderungen von damals noch erinnern und gaben jetzt zu, dass sie damals ihre Zweifel gehabt hatten, dass sich alles wie geplant entwickeln würde. Jeder war überrascht, wie prachtvoll und stimmig der Garten jetzt war. Das gab mir dann erstmals das Gefühl, dass ich was erreicht hatte und der Garten so weit war, dass auch für jeden Laien erkennbar war, dass ich hier neue Wege in der Pflanzenkombination und Pflanzenverwendung gehe. Die Vielfalt an seltenen Pflanzen beeindruckte auch jene, die sonst wenig mit dem Thema zu tun haben. Aber die größte Freude habe ich damit, wenn ich mich daran erinnere, wie manche Pflanzen anfänglich ausgesehen haben und wie toll sie sich entwickelt haben. Das macht die Spaziergänge durch den Garten – ich nenne sie ja gerne Kontrollgänge – zu einem positiven Erlebnis.

RUNDGÄNGE IM GARTEN SIND MEHR ALS EIN RITUAL

Bild 1: Südafrikanische Fackellilien (Kniphofia) vor Nordamerikanischen Sonnenaugen (Heliopsis scabra)
Bild 2: Herbstastern umgeben von mehrjährigen Sonnenblumen
Bild 3: Kalifornischer Mohn (Eschscholzia californica) mit Zierlauch (Allium christophii)

Ich finde dieses regelmäßige Abgehen des Gartens, entweder am Vormittag oder am Abend, sehr wichtig. Es ist ein meditativer Prozess, der allerdings abrupt auch in Arbeitswut übergehen kann, wenn ich etwas entdecke, was den sofortigen Einsatz meinerseits notwendig macht – sei es eine Invasion von Blattläusen, das spontane Auftreten ungewollten berüchtigten Unkrauts, das Fehlen einer Stützhilfe oder ein dringender Schnitt. Wenn irgendetwas das Einheitsbild des Garten stört, dann kann ich nicht lange warten, es muss so schnell wie möglich geschnipselt, geschnitten, gegraben, gegossen, gehackt oder sonst etwas gemacht werden, damit sich meine Vorstellung vom Garten richtig weiterentwickeln kann. Denn das Gärtnern muss ein kreativer Prozess bleiben, wo die Natur immer wieder den eigentlichen Ton angibt, aber wir entscheiden, was bleibt und was nicht. Ganz gegen die Natur oder die Gewohnheiten der Pflanzen zu arbeiten wäre unsinnig. Dort, wo sich schöne Pflanzen aussäen, kann man sie, wenn es passt, ja auch stehen lassen. Jede Pflanze muss an ihren geeigneten Standort. Wenn man in der Natur Beobachtungen anstellt, so sieht man, dass schon geringe Veränderungen in der Umgebung oft auf kleinstem Raum völlig andere Pflanzengesellschaften bedingen. Dieses Wissen sollte man sich auch im eigenen Garten zunutze machen und genau beobachten, wo welche Pflanze den idealen Standort findet, damit man in der Folge über lange Zeit Freude hat und so eine optimale Entwicklung unterstützen kann.

Bild 1: Ein bunter Mix aus pannonischen Wiesenblumen, durchsetzt mit hochschießenden Yuccablüten im Frühsommer.

Bild 2: Der Riesenschuppenkopf (Cephalaria gigantea) aus Kleinasien wird locker mehr als zwei Meter hoch.

Bild 3: Stockrosen (Alcea rosea) sind hervorragend zur Verwilderung geeignet.
Bild 4: Auch mit heimischen Pflanzen kann man wunderbare exotisch wirkende Pflanzungen machen – hier Ruthenische Kugeldistel (Echinops ritro), zusammen mit Reitgras (Calamagrostis epigejos).

Links: Die Schönheit der vertrockneten Blütenstände der Pannonischen Schafgarbe gilt es zu entdecken, um den eigenen Garten viel natürlicher und intensiver erleben zu können.
Rechts: Eine besonders schöne Kreuzung der Stockrose (Alcea rosea), die im Garten entstanden ist.

„OHNE FLEISS KEIN PREIS" HEISST ES AUCH IM NATURNAHEN GARTEN

Die Strahlen-Breitsame (Orlaya grandiflora) ist eine schon fast ausgerottete heimische Wildpflanze, die durch Flurbereinigung und intensive Landwirtschaft akut bedroht ist. Die hübschen einjährigen Frühsommerblüher kann man im eigenen Garten gut ansiedeln, wenn man ihnen offene sonnige Stellen zur Selbstaussaat bietet.

Auch wenn in den letzten Jahren immer wieder vom „faulen Gärtnern" zu hören war, so werden die schönsten Gärten – selbst wenn sie verwildert wirken – die sein, wo der persönliche Einsatz am höchsten ist. Lässt man alles wachsen, so entwickelt sich der Garten schnell zur Gstätten, und wenige konkurrenzstarke Pflanzen verdrängen viele seltene Arten. Die Vielfalt wird dadurch kontinuierlich eingeschränkt. Intakte Blumenwiesen mit einer reichen Artenvielfalt haben sich über Jahrzehnte entwickelt, solche in Naturschutzgebieten gar über Jahrhunderte. Diese enorme Zeitspanne wollen wir in unseren Gärten ja dann doch nicht abwarten, und so bleibt nichts anderes übrig, als immer wieder gewisse zu stark wuchernde Pflanzen zu entfernen oder sie eben mittels Schnittmaßnahmen in ihre Schranken zu verweisen. Jeder Garten wird immer die Persönlichkeit des Besitzers widerspiegeln und soll es auch, aber ich möchte mit diesem Buch jeden dazu ermutigen Neues auszuprobieren, ein buntes Bild mit vielen Pflanzen zu gestalten und vor allen Dingen Rückzugsgebiete und Futterpflanzen für einheimische Tiere zu schaffen. Jeder sollte immer im Hinterkopf behalten, dass außer den wenigen Naturschutzgebieten, die es noch gibt, unsere Gärten die letzten Refugien für viele Insekten, Reptilien und Amphibien geworden sind. Besonders am rapiden Rückgang der Schmetterlinge oder der Bienen sieht man, dass der Großteil unserer Landschaft zu intensiven Anbauflächen mutiert ist, die mit einem Großaufgebot von Pestiziden und Herbiziden behandelt werden und so kaum noch Überlebensmöglichkeiten für Insekten und andere Kleintiere bieten. Agrarflächen werden immer mehr zu Produktionswüsten für eine Gesellschaft, die ohne Rücksicht auf die Gesetzmäßigkeiten der Natur oder der Tradition des Ackerbaus, wie er über tausende Jahre funktionierte, stets mehr produzieren möchte. Jeder Gartenbesitzer kann dem entgegenwirken und etwas dazu beitragen, dass unsere Gärten zu Lebensräumen im ökologischen Gleichgewicht und zu naturnahen Oasen werden. Es muss nicht nur englischen Rasen und Rabatten geben.

BEWUSST TIERISCHE VIELFALT IM GARTEN FÖRDERN

Mit etwas Mut kann jeder einen kleinen Bereich des Gartens naturnah gestalten: vielleicht einen Teil des Rasens nur selten mähen und so eine Blumenwiese aufkommen lassen oder eben auch bunte Blumenbeete, Steingärten und Schotterbeete anlegen, wo sich eine Vielfalt an Flora und Fauna entwickeln kann.

Seit Jahren bekomme ich immer wieder Komplimente dafür, wie naturnah meine Pflanzungen aussehen, wie bei mir manche Pflanzen, die wie Unkraut wirken, wachsen dürfen und dass es keine scharfen Abgrenzungen zwischen Rasen und Staudenbeeten gibt. Ich persönlich liebe diese fließenden Übergänge, und außerdem kann ich bei meiner großen Fläche auch nicht mit der Nagelschere jedes unpassende Gewächs einer Behandlung unterziehen.

Bild 1: Holzbiene auf Echtem Salbei (Salvia officinalis).
Bild 2: Kopulierende Gottesanbeterinnen auf Lavendel (Lavandula angustifolia).
Bild 3: Libellen kommen zur Eiablage in den Schwimmteich.

Links: Tagpfauenauge auf Riesen-Schuppenkopf (Cephalaria gigantea)
Rechts: Maikäfer auf Zistrose (Cistus)

DURCH LAISSEZ-FAIRE-STIL DER NATUR ENTFALTUNGSMÖGLICHKEITEN UND FREIRÄUME GEBEN

Oben: Das Einjährige Silberblatt (Lunaria annua) ist trotz seines Namens eine zweijährige Blühpflanze mit attraktiven Samenständen, die häufig in Trockengestecken verwendet werden.
Rechts: Mohnblumen (Papaver rhoeas) und Einjähriger Rittersporn (Delphinium consolida) sind seit eh und je Blackbox-Gardening-Pflanzen.

Aus diesem Grund und weil es mir auch gefällt, habe ich einen Laissez-faire-Stil in meinen Garten einziehen lassen – man könnte auch sagen, es schaut ein wenig schlampig aus. In jedem Fall bekommt der Garten so eine naturnahe Note. Stockrosen dürfen in der Wiese aufgehen und dort blühen; wenn Stauden die Grenzen in den Rasen verschieben wollen, dann lass ich das zu, solange das Gesamtbild des Gartens nicht leidet. Das führt dann natürlich dazu, dass zum Beispiel zwischen den Stockrosen Gras wächst und bei den Sommerblumen im Unterbewuchs Oregano und Wiesenkräuter. Aber so entsteht eine Pflanzengesellschaft, die konstant bleibt. Das Gras wächst unter den dichten Stockrosen nur sehr vermindert, und das eigentliche Unkraut – die stark wuchernden Pionierpflanzen – wird völlig unterdrückt. Das Beet muss nur einmal im Jahr nach dem Winter abgeschnitten werden, damit die vertrockneten Pflanzen als Winterschmuck fungieren, und bleibt ansonsten fast wartungsfrei. Das erfordert vielleicht etwas Mut von manch pedanten Gärtnern, aber der Schmuck der Trockenblumen ist wunderschön und liegt auch im Trend. Außerdem fördert das weniger genaue Arbeiten den naturnahen Garten, und man sieht so vermehrt Tiere im Garten, vom Wiesenschmetterling bis zur Gottesanbeterin. Es zirpt und surrt und brummt, und man hat das Gefühl, dass der Garten ein echtes Paradies für Mensch und Tier ist. Ein Sprichwort sagt, dass ein Garten niemals fertig ist. Wenn man seinen Garten von einem Landschaftsgestalter planen lässt, presst man ihn in ein Korsett, an das man sich jahrelang halten muss. Das ist aber nicht notwendig. Egal ob man das Gelände selber gestaltet hat und die Pflanzen selber ausgesucht hat oder dies einer professionellen Firma übertragen hat, wichtig ist immer, dass man dem Garten die Möglichkeit gibt sich selber zu entwickeln. Pflanzen gedeihen oft auf unvorhergesehene Weise, einige Planungsideen werden nicht so aufgehen, wie man das ursprünglich konzipiert hat, und dann ist es wichtig, die erforderlichen Änderungen vorzunehmen.

DER GARTENBESITZER ALS KOMPONIST MIT GRÜNEM DIRIGENTENSTAB

Wenn man keinen allzu aufgeräumten Garten hat, stellt sich das ökologische Gleichgewicht ganz von selbst ein.

Eine gewisse Veränderungsdynamik ist wichtig für jeden Garten, denn die Natur ist kein starres System. Wir leben als Gärtner quasi in einer Symbiose mit dem Grün, das uns umgibt. Wir suchen uns Pflanzen und Geländeformen, die uns gefallen und die zu uns passen, aber ganz gegen die Natur sollten wir auch nicht arbeiten. Ist es für gewisse Pflanzen zu rau, zu heiß oder zu trocken, dann müssen wir reagieren. Wächst eine Pflanze zu stark und überwächst andere, dann entscheiden wir, was zu tun ist. Genau durch diese weiteren Schritte bekommt der Garten unsere persönliche Note. Wenn ein Obstbaum einem Blumengarten das Licht wegnimmt, dann wird es Gartenbesitzer geben, die den Baum ganz entfernen und solche, die ihn einkürzen werden. Anderen wiederum ist der Obstbaum viel wichtiger, und sie werden die Blütenpflanzen darunter ihrem Schicksal überlassen. Es wird auch solche geben, die den Blumengarten dann an eine andere Stelle verpflanzen. Es sollte jedem immer bewusst sein, dass das Bearbeiten dem eigenen Garten erst die persönliche Note gibt und wir uns auch nur so als Einheit mit unserem eigenen Grünraum fühlen werden. Es ist eine Arbeit, die zwar nicht immer einfach ist, uns aber Zufriedenheit gibt, nach einem gestressten Arbeitstag wieder innere Ruhe einkehren lässt und mit den Jahren immer mehr Glücksgefühle, Freude und Stolz gibt, weil wir das alles selber geschaffen haben. Durch die Gartenarbeit sammeln wir ja eine Menge an unterschiedlichsten Erfahrungen, gespickt mit Rückschlägen und positiven Überraschungen. Wir werden weiter getrieben von Entdeckungen, Beobachtungen und neuen Eindrücken und sehen dabei auch, wie wir Teil des Ganzen sind und nur im Einklang und im Erkennen der verschiedenen Pflanzen und deren Bedürfnissen erfolgreich sein können. Das heißt, wir müssen auch ein wenig versuchen in die Pflanzen hineinzuhören und aufmerksam beobachten, um zu erkennen, was im Garten zu tun ist und wo vielleicht eine Verbesserung vorgenommen werden kann. Diese intensive Beschäftigung mit dem Garten und die physische Arbeit sowie der Kontakt mit dem Boden ist es, was uns erdet und uns etwas tiefer blicken lässt – eben ganz anders als sich die Gesellschaft mithilfe neuer Medien derzeit entwickelt. Es ist seelisch-geistiger Tiefgang, den man sich im eigenen Garten holen kann – ein wertvoller Gegenpol zum hektischen oberflächlichen Alltag der heutigen Zeit.

Mexikanisches Federgras (Stipa tenuissima) und Spornblume (Centranthus ruber)

DER GARTEN FÜR ALLE SINNE

Lavendel (Lavandula angustifolia) ist eine herrliche Duftpflanze, die wunderbar blüht und viele Nektar suchende Insekten anlockt.

Dass ein Garten für mich mehr ist als Rasen, Blumenbeet und Schattenbäume, habe ich ja sicher bereits ausreichend klargestellt. Der Garten sollte aber meiner Meinung nach auch immer ein Ort für alle Sinne sein. Eine gepflegte Anlage nur für das Auge, das wäre mir viel zu langweilig, denn wir wollen riechen, schmecken, hören und fühlen können, was die Natur alles zu bieten hat. Wenn ich abends im Sommer auf der Terrasse sitze, dann höre ich je nach Jahreszeit die Vögel zwitschern, den Storch klappern, die Frösche quaken oder im Spätsommer nur die Heuschrecken und Grillen zirpen. Ohne diese Geräuschkulisse wäre es kein Sommer für mich. Wenn man entspannt an lauen Abenden draußen sitzt, braucht man keine Musik; die Geräuschkulisse ist meditativ und teilweise hypnotisch. In jedem Fall entspannt sich der ganze Körper mit diesen harmonischen Lauten der Natur auf eine Weise, wie es in der Stadt nur schwer möglich wäre. Spaziert man an einem sonnigen Tag über die Blumenwiese in meinem Garten, so gehört es zum Erlebnis untrennbar dazu, dass man alle Insekten hört und sieht. Am Froschteich quakt es, und man hört das Wasser in den Teich fließen. An den Blühpflanzen surren große Holzbienen, verschiedenste Hummelarten und kleine Wildbienen. Schon im März schwirren unzählige Honigbienen an den Mandelbäumen, und so wird bereits die erste spektakuläre Blüte des Jahres zu einem Erlebnis der Sinne. Der Duft der Mandelblüten ist ein sehr zarter, und je wärmer es wird, umso mehr Düfte breiten sich im Garten aus. Im Hochsommer, besonders bei großer Hitze und Trockenheit, werden dann die ätherischen Öle der mediterranen Gewürzpflanzen am intensivsten freigesetzt und hüllen den ganzen Garten in ein unvergessliches Aromagemisch.

MEDITERRANE GEWÜRZPFLANZEN ALS SOMMERPARFUM FÜR DEN GARTEN

Rosmarin, Oregano und Thymian vermischen sich zu einem Gewürzcocktail in der Luft, der uns mithilfe unserer Sinne ans Mittelmeer versetzt. Bei der Anlage meines ersten Hügels mit dem Aushubmaterial des Schwimmteichs war mein Plan einen Duftgarten anzulegen, der an den Unterbewuchs von Pinienwäldern und trockenen Macchien im Mittelmeerraum erinnert. Damals habe ich Piniensämlinge im Koffer aus Spanien mitgenommen und dann in großer Zahl Salbei, Oregano, Lavendel, Ysop, Rosmarin, Thymian und Currykraut gemischt auf den Hügel gepflanzt. Über zehn Jahre später leben hier jetzt meine Griechischen Landschildkröten in einem Freigelände, und der Hügel sieht tatsächlich wie am Mittelmeer aus. Starken Duft verbreiten auch Zistrosen – nicht unbedingt während der Blühzeit zwischen Mai und Juni, sondern eher an heißen Sommertagen, wenn die Blätter ätherische Öle freisetzen.

Lavendel am Fuß einer Yucca rostrata

AUCH EINE HECKE KANN HERRLICH DUFTEN

Wenn man eine Hecke abwechslungsreich bepflanzt, kann man bis in den Spätherbst starken Duft im Garten erleben. Osmanthus fragrans ist zwar sehr frostempfindlich, aber an geschützter Stelle kommt er bei mir immer wieder, wenn auch manchmal mit Blattschäden, durch den Winter. Oft blüht er erst im November und verströmt dann einen intensiven Duft im Garten. Ebenfalls wohlriechend ist die Immergrüne Ölweide (Eleagnus ebbingei). Auch wenn die Blüten sehr unscheinbar sind und kaum als solche erkannt werden, so verströmen sie doch einen umso intensiveren Duft. Viele Jahre lang wurde dieser attraktive Strauch als nicht winterhart eingestuft und beginnt erst jetzt langsam, unter anderem auch als schnell wachsende immergrüne Hecke, in unseren Gärten Einzug zu halten.

Bild 1: Die Immergrüne Ölweide (Eleagnus ebbingei) zur Blütezeit im Spätherbst.
Bild 2: Die Duftblüte (Osmanthus armatus) verströmt zur Blüte Veilchenduft.
Rechte Seite: Der gefüllte Schneeball (Viburnum opulus „Roseum") ist ein Klassiker im Garten.

DER NASCHGARTEN KANN VIELFALT WIDERSPIEGELN

Linke Seite: Birne (Bild 1), Pfirsich (Bild 2) und Weichseln (Bild 3) wachsen bestens im Osten Österreichs. Bild 4: Die Indianerbanane (Asimina triloba) ist eine völlig winterharte exotische Frucht aus Nordamerika, die sich immer größerer Beliebtheit erfreut.

Bei meinen Kontrollgängen durch den Garten, besonders am Vormittag, schätze ich es auch sehr, dass überall essbare Beeren und andere Fruchtgehölze integriert sind. Da nasche ich im Frühsommer an der Felsenbirne (Amelanchier lamarckii), an der Schwarzen Maulbeere (Morus nigra) und an Erdbeeren, im Sommer dann an Marillen, Brombeeren, Himbeeren und Feigen und im Herbst an Brustbeeren (Ziziphus jujuba), Birnen und vielem mehr. Ich sehe den Naschgarten nicht getrennt vom Ziergarten. Wo es optisch gut hinpasst oder wo die Kulturbedingungen ideal sind, kommen bei mir auch Obstgehölze in den Garten. Granatapfel- und Feigenbäume versuche ich vor eine Südmauer zu pflanzen. Die Indianerbanane (Asimina triloba) steht bei bei mir auf der Nordseite des Hauses, weil sie Trockenheit gar nicht gut verträgt und dann die Blätter schnell gelb werden. Wenn man im Garten eine Szenerie anlegt, wie wir sie von Waldlichtungen in der Natur kennen, dann passt dort zum Beispiel erstklassig Himbeere, Brombeere oder Holunder dazu. Im sandig-trockenen Boden gedeihen am besten Marille und Mandel. Auf einen sonnigen Hügel kann man Feige oder Felsenbirne pflanzen. So kann man seine Nutzpflanzen naturnah in den Garten integrieren.

VORSICHT! PFLANZEN BERÜHREN KANN GLÜCKLICH MACHEN!

Wenn man den Japanischen Liguster ansieht, bemerkt man zwar die schönen glänzenden Blätter, die wie von einer dicken Wachsschicht überzogen sind, aber erst mit dem Berühren erfährt man, wie sehr sich dieser von dem uns bekannten Liguster (Ligustrum vulgare) unterscheidet. Der Virginische Schneeflockenstrauch (Chionanthus virginicus) überrascht nicht nur im Frühling mit einer beeindruckenden Blüte, sondern auch mit ledrig-harten Blättern, die ich immer wieder im Vorbeigehen gerne berühre – eine Pflanze, die auch in den heißesten und trockensten Sommern nicht schlappmacht und in unseren Gärten viel zu wenig gepflanzt wird. Als Solitärpflanze im Rasen gehört er zu den auffälligsten und interessantesten Blühern in unserem Klima. Ich glaube auch fest daran, dass die Gartenarbeit an sich gut tut, uns erdet, die Seele eine enge Verbindung zur Natur aufbauen lässt und uns tiefsinniger macht. Auch das Berühren der Pflanzen sollte Teil dieser Erfahrung sein.

Es erfüllt mich mit Zufriedenheit, wenn ich bei meinen Kontrollgängen an den Palmenfächern die Kraft der vitalen Blätter erfühlen kann – die weichen Austriebe der Sträucher oder das filigrane Laub des ausgewachsenen Spargels. Auch Blüten, die man gerne riecht, möchte man sanft in die Hand nehmen. All das gehört einfach zum Erlebnis Garten dazu; er ist ein Ort, den man mit allen Sinnen genießen und erfahren möchte. Im Sommerregen riecht und hört sich der Garten wieder völlig anders an. Ich genieße kräftigen Regen im Sommer eigentlich sehr, auch wenn ich mich dann schon wieder auf den nächsten Sonnentag freue. Aber für die Pflanzen gibt es ja besonders im Frühling oder Frühsommer nichts Besseres als Regen bei lauen Temperaturen. Selbst im Winter hat der Garten noch was zu bieten. Es ist dann eben eine andere Erfahrung, die aber zum natürlichen Kreislauf dazugehört.

Oben: Muskatellersalbei (Salvia sclarea var. turkestanica).
Rechts: Das Riesenfedergras (Stipa gigantea) überragt graziös jedes Blumenbeet und wächst am besten im Schotter.

Die Prachtkerze (Gaura lindheimeri) wächst im Schotter zu prächtigen Horsten heran.

DAS ANLEGEN EINES ARTENREICHEN NATURGARTENS DER ZUKUNFT

Die Kokardenblume (Gaillardia) sämt sich willig aus und ist zudem mehrjährig.

In den letzten vierzehn Jahren habe ich eine Menge darüber gelernt, worauf man beim Anlegen eines Gartens besonders achten sollte. Vieles würde ich heute anders machen. Ich habe ja auch nicht gerade wenig unterschiedliche und vielfältige Lebensräume geschaffen: fünf Teiche, sieben Hügel mit Sand und Schotter, etliche Gemüsegärten und Blumenrabatten sowie eine Blumenwiese mit pannonischen Pflanzen aus der unmittelbaren Umgebung. Das Wichtigste, was ich dabei gelernt habe, ist, dass das Substrat das Um und Auf ist und Schotter als wichtiger Gartenerdezusatz grob unterschätzt wird. Man sollte sich bei der Anlage des Gartens gleich von Anfang an überlegen, was man wo haben möchte und wie der Garten strukturiert sein soll. Sobald man einen Plan für sich gemacht hat, ist der nächste Schritt die Grundstrukturen zu schaffen und mageres oder nährstoffreiches Erdreich dort aufzutragen, wo es für die spätere Bepflanzung sinnvoll ist. Nährstoffreicher Humus ist nicht für alle Pflanzungen sinnvoll, gerade Blumenwiesen werden am besten im möglichst mageren, nährstoffarmen Erdreich funktionieren. Will man das Element Wasser im Garten haben, so kann man den Aushub eines Teichs gleich für die Schaffung eines Hügels verwenden.

MIT SCHOTTER ZUM PRACHTGARTEN

Wenn man einen mediterranen Hügel haben möchte, wie ich ihn gleich mit dem ersten Aushubmaterial angelegt habe, so rate ich jedem dazu, so viel Schotter wie möglich in den Hügel einzubauen und besonders die oberen zehn bis zwanzig Zentimeter mit reinem, eher grobem Schotter zu bedecken. Ich war selber beim Schotterhändler und habe mir dann eine eigene Mischung zusammenstellen lassen. Der Vorteil des Schotters ist zum einen, dass viele verschiedene mediterrane Pflanzen, aber auch Blühstauden, die mit Trockenheit gut umgehen können, dort am besten gedeihen. Ich habe Gauras, Schleierkraut (Gypsophila), Lavendel (Lavandula), Bartfaden (Penstemon) und Salbei (Salvia) direkt in den Schotter gepflanzt, ein wenig Erde mit in das Pflanzloch gemischt und es dann wieder mit Schotter zugeschüttet. Der Schotter gibt den Pflanzen mehr Nährstoffe, als man glauben möchte, und hilft uns im ersten Jahr bei der Bewässerung, weil das Wasser durch die durchlässige Struktur schnell zu den Wurzeln vordringt und in der Tiefe auch gut gespeichert wird. Zur gleichen Zeit wird der Boden nie schwer, und Unkraut wird unterdrückt. Sollte es doch kommen, so kann man es leicht entfernen. Wenn ich schon früher gewusst hätte, zu welchen Prachtbeeten sich meine Schotterberge entwickeln, dann hätte ich wahrscheinlich große Bereiche des Gartens mit Schotter aufschütten lassen. Das Problem des sandigen Bodens ist nämlich, dass er bei abschüssigen Flächen, wenn er einmal ausgetrocknet ist, nur sehr schwer zu bewässern ist, da das Wasser oberflächig abfließt ohne tiefere Schichten zu erreichen. So ist mir schon vieles in den Sandhügeln vertrocknet, auch Pflanzen, die Trockenheit eigentlich gut vertragen sollten, aber eben noch nicht ausreichend eingewurzelt waren. Beim Schotter gibt es dieses Problem gar nicht. Das Einwässern im ersten Jahr geht ganz einfach, und das Beste daran ist, dass diese Hügel mit den Jahren fast völlig wartungsfrei werden.

DIE BEWÄSSERUNG AUF EIN MINIMUM REDUZIEREN UND DIE UMWELT NACHHALTIG ENTLASTEN

Prachtkerzen (Gaura lindheimeri) und Wüstensalbei (Salvia greggii) lassen sich hervorragend kombinieren.

Wenn man trockenheitsverträgliche Stauden wie zum Beispiel Wüstensalbei (Salvia greggii) und Bartfaden (Penstemon) pflanzt, fällt im Schotter die Bewässerung völlig weg, und wenn nicht ein extremer Hitzesommer mit einer Dürre kommt, dann blüht der Garten den ganzen Sommer bis zum Frost durch. Für mich ist das der Garten der Zukunft: das Blumenbeet, das am wenigsten Arbeit verursacht und die geringsten Resourcen verbraucht. Wasser ist ein kostbares Gut, mit dem man sparsam umgehen sollte, und eine konstante Bepflanzung, die weder Dünger noch jährliche Nachpflanzungen benötigt, hilft uns auch bei der Reduktion des CO_2-Ausstoßes. Was so ein Beet braucht, ist eigentlich nur das Zurückschneiden der stark wuchernden Blühstauden. Das mache ich einmal im Frühjahr. Bei der Auswahl der Pflanzen kann man auf Yuccas und Gräser, aber auch Zwerggehölze und verschiedene Blühstauden aus den trockenen Regionen der Welt sowie einjährige Wüstenblüher zurückgreifen. Auf den folgenden Seiten finden Sie verschiedene Listen von Pflanzen, mit denen ich besonders gute Erfahrungen gemacht habe und die auch sehr attraktiv sind. Man kann die einzelnen Pflanzen kreativ und bunt durchmischen, sollte aber bedenken, dass viele dieser Wüstenbewohner aufgrund der fehlenden Konkurrenz im Schotter zu Riesen werden können. Deswegen sollte man genügend Platz zwischen den Pflanzen lassen, damit nichts überwachsen wird und man auch noch etwas von der Schotterstruktur sehen kann. Meine Hügel sind alle nach wenigen Monaten im ersten Jahr bereits völlig zugewachsen, und ich musste dann weitere Hügel anlegen, damit ich den Pflanzenabstand durch Verpflanzungen erhöhen konnte.

Bild 1: Euphorbia characias ist eine Mittelmeerpflanze, die sich hervorragend in Schotterbeeten verwenden lässt.

IDEALE PFLANZEN FÜRS SCHOTTERBEET:

Mehrjährige Blüher:

Erigeron karvinskianus (Mexikanisches Gänseblümchen), Crambe maritima (Meerkohl), Salvia greggii und Salvia microcarpa (Wüstensalbei), Euphorbia characias (Palisaden-Wolfsmilch), Zauschneria californica (Wüstenfuchsie), Gazania linearis (Gazanie), Iris germanica (Schwertlilie), Iris nana (Zwergschwertlilie), Sideritis syriaca (Griechischer Bergtee), Perovskia (Perowskie), Gypsophila paniculata (Schleierkraut), Dianthus (Buschnelke), Delosperma (winterharte Mittagsblume), Gaillardia (Kokardenblume), Gaura lindheimeri (Prachtkerze), Verbascum (Königskerze, zweijährig!), Sphaeralcea „Newleaze Coral" (Wüstenmalve), Agastache (Duftnessel), Althea cannabina (Hanfblättriger Eibisch), Phlomis fruticosa (Strauchiges Brandkraut), Kniphofia (Fackellilie); mit etwas Bewässerung in sehr trockenen Jahren auch Agapanthus (Schmucklilie).

Mehrjährige Gräser:

Stipa capillata, Stipa gigantea, Stipa tenuissima, Festuca glauca, Pennisetum, Melica transsilvanica, Sporobolus.

Bild 2: Prachtkerze (Gaura lindheimeri)
Bild 3: Yucca-Hybride mit Wüstensalbei (Salvia greggii)
Bild 4: Mexikanisches Gänseblümchen (Erigeron karvinskianus)
Bild 5: Siebenbürgisches Perlgras (Melica transsilvanica) mit Mittagsblumen (Delosperma cooperi)
Bild 6 und 7: Mexikanisches Federgras (Stipa tenuissima)

DAS ANLEGEN EINES ARTENREICHEN NATURGARTENS DER ZUKUNFT **111**

Bild 1: Kalifornischer Mohn (Eschscholzia californica)
Bild 2: Löwenmäulchen (Antirrhinum majus)
Bild 3: Einjähriger Rittersporn (Delphinium consolida) mit Kalifornischem Mohn im Hintergrund (Eschscholzia californica)

Hahnenkamm (Celosia argentea) wirkt im Schotterbeet mit den passenden Begleitpflanzen viel exotischer als in der geordneten Blumenrabatte.

Einjährige Blüher:
Kalifornischer Mohn (Eschscholzia californica), Löwenmäulchen (Antirrhinum majus), Portulakröschen (Portulaca grandiflora), Einjährige Mittagsblume (Dorotheanthus belliditormis), Einjähriges Mädchenauge (Coreopsis tinctoria), Einjähriger Rittersporn (Delphinium consolida), Strahlen-Breitsame (Orlaya grandiflora)

Agastache und Salvia greggii bilden bei mir im Schotter dichte Blumenteppiche, darüber tänzeln Prachtkerzen (Gaura lindheimeri) und Malvenblüten (Sphaeralcea und Althea) im Wind. Das ergibt ein buntes und aromatisch riechendes Blütenmeer, das vom Frühsommer bis zum ersten Frost prachtvoll aussieht. Wenn man im Schotter dann noch Zwiebeln von einigen Frühblühern wie Zwergiris, Krokus und Wildtulpen eingräbt, hat man das ganze Jahr über ein blühendes Beet, das eigentlich nie Bewässerung braucht.

Links: Die Kokardenblume (Gaillardia) kommt ursprünglich aus Texas und fühlt sich in Lagen mit heißen Sommern besonders wohl.
Rechts: Die Wüstenmalve (Sphaeralcea „Newleaze Coral") ist eine hervorragende Züchtung, die unermüdlich in grellem Orange blüht (Bild rechts).

Agaven, Yuccas und Kakteen im Freiland – Mexiko lässt grüßen!

Wer Lust hat, kann an geschützter Stelle und in trockeneren Klimaten auch Agaven, Opuntien und Wüstenyuccas pflanzen. Dann sollte aber auch im Winter genügend Sonne an das Beet kommen, damit die Pflanzen zwischendurch immer wieder gut abtrocknen können. Früher wurden Wüstenyuccas vielfach aus der Natur entnommen und in größeren Mengen nach Europa verschifft. Mittlerweile wurden die Gesetze verschärft, und Yuccas werden jetzt auch in Europa bereits aus eigener Nachzucht angeboten. Das hat den Vorteil, dass die Pflanzen voll bewurzelt sind und mit dem Wachstum sofort nach der Auspflanzung loslegen. Schön und problemlos hat sich im Schotter Yucca rostrata gezeigt, ebenfalls sehr ansehnlich sind die kompakten Kronen von Yucca thompsoniana, die in milden und trockenen Regionen Österreichs versucht werden kann. Gegen Winternässe relativ unempfindlich sind in Ostösterreich auch Yucca linearifolia und Yucca faxoniana. Erfolg haben wird man aber nur, wenn man die richtigen Lebensräume für diese herrlichen Pflanzen im Garten schafft. Abgesehen vom Schotter sollte man hier auch mit großen Steinen arbeiten oder Legesteinmauern anlegen, die Wärme speichern und so ein gutes Kleinklima schaffen. Ich habe dafür Sandsteine verwendet, die aus der unmittelbaren Umgebung stammen, und möchte jeden dazu ermutigen, Steine und Schotter nicht von weither transportieren zu lassen. Ich empfinde Materialien, die sich nicht harmonisch in das Gesamtbild einfügen, als ständige Störfaktoren. Je weniger Arten von Stein und Kies verwendet werden, umso einheitlicher und natürlicher wird das Gesamtbild sein. Bei den winterharten Agaven hat sich Agave neomexicana als sehr hart erwiesen, aber auch die zu riesigen Rosetten heranwachsende Agave ovatifolia kann für das milde Klima empfohlen werden. In feuchteren Gegenden sollte an passenden Standorten Agave megalacantha problemlos wachsen. Agave parryi und Agave havardiana sind meiner Erfahrung nach nur für trockene und ausgesprochen milde Regionen geeignet. Bei den Kakteen gibt es Arten, die sehr viel Frost vertragen, und solche, die nur für milde Gegenden geeignet sind. Bei der Fülle an angebotenen Pflanzen erkundigt man sich besser selber, was für den eigenen Garten am besten ist. Sehr schön finde ich die hochwachsenden Cylindropuntien, aber auch Opuntien mit besonders großen Ohrwascheln (Gliedern), wie zum Beispiel Opuntia engelmannii oder auch Opuntia chlorotica. Mit schönen Blüten verwöhnen uns Echinocereus reichenbachii und auch Echinocereus triglochidiatus. Vorsicht ist geboten, dass man keine anderen Pflanzen in die Nähe setzt, die die Kakteen überwuchern könnten. Außerdem sollte auch bedacht werden, dass das Unkrautjäten in dem Bereich zur unliebsamen Tortur werden könnte. Hier hilft eine sehr trockene Stelle und wenig Humus, damit die Keimung des Unkrauts nicht gefördert wird. Ideal sind sonnige Stellen im Niederschlagsschatten eines vorstehenden Hausdachs, solange der Gehweg weit genug von den stechenden Freunden entfernt ist.

Bild 1: Hesperaloe parviflora mit frischem Blütentrieb
Bild 2: Blüte von Hesperaloe campanulata
Rechte Seite: Viele Opuntien sind winterhart und brauchen nur einen sehr trockenen Platz im Garten.

IDEALE PFLANZEN FÜRS SCHATTENBEET

Linke Seite: Über den immergrünen Farnen schweben die Blüten der Wiesenraute (Thalictrum) mit ihren rosa Blütentrauben.
Rechts: Auch die Fruchtstände der Helleborus-Hybriden sind im Schattenbeet sehr attraktiv.

Wo Licht ist, ist auch Schatten. Als schönen Gegenpol zu einem Wüsten- oder Steppenbeet mit einheimischen Steppenpflanzen dient ein Schattengarten, wo sich die Feuchtigkeit lange hält und kaum Sonne hinkommt. Hier konnte ich unter anderem meine große Liebe zu den immergrünen Farnen ausleben. Es gibt sowohl gut winterharte immergrüne Farne als auch solche, die in strengen Wintern etwas Schutz in Form einer Abdeckung brauchen. Hier kann man Stroh oder auch Decken, Vlies und Folien verwenden. Ein wunderschöner winterharter Farn ist der Grannen-Schildfarn (Polystichum setiferum), verschiedene Gartenauslesen, wie „Proliferum Herrenhausen" mit besonders langen Wedeln und das dicht gekräuselte „Plumosum Densum", bieten Abwechslung im Schattenbeet. In milden Lagen oder mit ausreichend Winterschutz wirkt der Sichelfarn (Cyrtomium falcatum) tropisch und glänzt auch mitten im Winter noch dunkelgrün. Sehr auffallend und auch noch selten zu bekommen sind Riesenfarne. Woodwardia radicans bekommt bis zu eineinhalb Meter lange Blätter und Woodwardia unigemmata entfaltet im ausgewachsenen Zustand ebenso beeindruckende Wedel mit leuchtend rotbraunem Austrieb. Beide Arten brauchen allerdings in kalten Wintern etwas Winterschutz. Im Gegensatz zum trockenen Schotterbeet sollte der Schattengarten besonders humus- sowie nährstoffreichen Boden haben. Pflanzen, die Schatten lieben, kommen ja entweder aus dichten Wäldern oder tiefen Schluchten. Dort ist der Boden von Natur aus nährstoffreich und oft auch tiefgründig. Neben Farnen passen ins Schattenbeet hervorragend Funkien (Hostas) und Japan-Anemonen (Anemone japonica oder Anemone hupehensis). Für den trockenen Schatten ist am besten Anemone tomentosa „Robustissima" geeignet. So gerne ich all diese Pflanzen habe, sind mir im Schatten auch tropische Akzente wichtig. Über den Farnen ragend habe ich ein paar Chinesische Hanfpalmen (Trachycarpus fortunei) gepflanzt und auch Stechpalmen (Mahonia bealei und Mahonia longibracteata) sorgen für zusätzliches tropisches Flair. Ins Schattenbeet kann man viele bekannte Frühlingsblüher, wie Winterlinge oder Schneeglöckchen, pflanzen. Weniger bekannt ist noch Cyclamen coum, das bereits ab Februar überreich blüht, sich schnell durch unterirdische Triebe ausbreitet und mit seinem fröhlichen Rosarot für eine intensive Frühlingsstimmung sorgt. Wer so wie ich auf im Wind tänzelnde Blüher nicht verzichten möchte, sollte unbedingt Wiesenrauten (Thalictrum) ins Schattenbeet integrieren. Besonders die Sorten Thalictrum delavayi „Hewitt's Double" und Thalictrum elegans „Elin" sind hier zu empfehlen.

Links: Der Steppensalbei (Salvia nemorosa) aus der pannonischen Tiefebene leuchtet im Hochsommer in den Wiesen in Blau und Lila.
Rechts: Vertrocknete Blütenstände heimischer Steppenpflanzen setzen im Sommer klare Akzente und spiegeln auf wildromantische Art Hitze und Trockenheit wider.

DIE NATURNAHE BLUMENWIESE ALS LEBENSRAUM FÜR HEIMISCHE PFLANZEN UND WILDTIERE

Allgemein sollte man den Garten natürlich nach seinen eigenen Bedürfnissen gestalten. Wie viel davon Rasen sein soll, muss jeder für sich selber entscheiden. Wer ein großes Grundstück hat, sollte aber auf eine Blumenwiese nicht verzichten. Ich finde, dass es wenig Sinn macht, riesige Grünflächen ständig kurz zu mähen. Hier gehen wertvolle Lebensräume für Wildtiere, insbesondere die immer seltener werdenden Käfer, Bienen und Schmetterlinge, verloren. Selbst wenn in einem bestimmten Bereich auch nur weniger oft gemäht wird, finden heimische Tiere wieder Lebensraum und Nahrungspflanzen. Früher wurden die Wiesen mit Sensen gemäht, die schonend mit dem Leben der Tiere umgegangen sind. Viele Insekten überleben die schnell rotierende Klinge des Rasenmähers nicht. Wer sich dazu entscheidet eine Blumenwiese anzulegen, sollte auch hier eine Stelle aussuchen, wo die Erde eher mager und nährstoffarm ist, sonst wird das Gras immer viel schneller und höher wachsen und das Wachstum der Wiesenblumen unterdrücken. Nach dem Mähen muss man das gemähte Gras in jedem Fall entfernen. Durch Mulchen würden zu viele Nährstoffe in der obersten Erdschicht abgelagert werden, was wiederum nur das Wachstum der Gräser fördern würde. Es war mir ein besonderes Anliegen, im hinteren Teil meiner Wiese, wo eigentlich der Obstgarten geplant war, wieder eine typische pannonische Wiese anzulegen.

Der Steppensalbei (Salvia nemorosa) ist fixer Bestandteil der Blumenwiesen östlich von Wien.

Linke Seite: Die besonders aromatische Pannonische Schafgarbe (Achillea pannonica) hat sich über die Jahre in der Wiese ausgebreitet. Gemäht wird hier nur rund dreimal im Jahr. **Rechts:** Gottesanbeterinnen brauchen Wiesen, die kaum gemäht werden.

Die Naturwiese entstand durch das Aussäen von Wildpflanzensamen aus der Umgebung

Ich sammelte also an Feldrändern und in Wiesen im Herbst Samen und ließ diese in einem Bereich keimen, wo ich den gesamten Rasen zuvor entfernt hatte. Das hat im Herbst sehr gut funktioniert, weil Wiesenblumen wie Steppensalbei (Salvia nemorosa) oder Skabiosen problemlos keimten, das Unkraut aber durch die ersten Herbstfröste abfror. 2002 begann ich in dem Bereich, wo die Blumenwiese geplant war, auch Obstbäume zu pflanzen. Der Weinkeller, den ich mit alten Ziegeln mauern ließ, war als Lagerungsraum für Äpfel und Birnen vorgesehen. Aber es kam alles anders, denn ich hatte vergessen, dass im trockenen pannonischen Klima der Apfel eigentlich schon an der Grenze seines idealen Lebensraums angekommen war. Die extrem heißen und trockenen Jahre 2003 und 2004 führten dazu, dass die Apfelbäume kleiner statt größer wurden. Mit den Jahren fand dann auch die eine oder andere Wühlmaus Gefallen an den Bäumen und verbiss sich an den unteren Bereichen der Stämme und Wurzeln derart, dass man die Bäume mühelos aus dem Boden ziehen und zu Kleinholz zerhacken konnte.

Nachdem ich aber auch einen Kirschbaum, einen Mandelbaum und eine Marille gepflanzt hatte, gab es doch Gewinner im sandigen Boden. Die Mandel wuchs vergleichsweise im Rekordtempo, auch die Marille war völlig problemlos und wurde sehr rasch zu einem stattlichen Baum mit guter Ernte. Unbeeindruckt von Trockenheit und sandigem Boden zeigten sich auch die Kirsche und zu meiner Überraschung die Kakis. Selbst Birnen und Zwetschken haben dort keine Probleme, wo es für Äpfel aussichtslos war.

Winterharte Bananen stehen auf dem Speiseplan der Wühlmaus ganz oben

Die Kultur winterharter Bananen kann ich leider hier völlig vergessen. Immer wieder habe ich mich gefreut, dass die unterirdischen Teile der Bananen durch das Abdecken mit Laub und Rasenschnitt problemlos durch die Kälte kamen, doch dann war der Frust groß, wenn die Wühlmaus nach dem Winter zur Stärkung die Rhizome der Banane ratzfatz auffraß. Somit ziehe ich eben keine Bananen mehr, dies ist ohnehin eine Pflanze, die es mit den trockenen pannonischen Winden nicht leicht hat. Man bräuchte einen windgeschützten Innenhof oder ein feuchteres Klima. In der Ost- und Südsteiermark sieht man schöne Bananenhorste, wenn auch dort immer wieder Probleme mit den Wühlmäusen auftreten können. In Nordwestdeutschland gibt es ebenfalls riesige Bananenhorste mit der winterharten Japanischen Faserbanane (Musa basjoo).

Winterharte Bananen (Musa basjoo) sind mit Abdeckung fast überall winterhart, brauchen aber feuchte Bedingungen und sehr fruchtbare Erde, um erfolgreich kultiviert werden zu können.

Neue Obstsorten und Südfrüchte als Antwort auf das veränderte Klima

Ich befürchte, dass wir uns in vielen Gebieten Österreichs langfristig vom Apfel verabschieden werden müssen. In der Steiermark wird es wohl auch in Zukunft genug Niederschlag geben, aber in Niederösterreich, im Burgenland und selbst im oberösterreichischen Zentralraum könnten die heißen trockenen Sommer dazu führen, dass die Äpfel aus Stressreaktion bereits unreif im Sommer abfallen. Viele Gartenbesitzer haben das in den vergangenen heißen Sommern schon erlebt. Natürlich macht hier der Boden viel aus; wenn man Lehmboden hat, der die Feuchtigkeit besser hält, wird es mit der Apfelkultur wohl noch länger gut gehen. Mittlerweile habe ich also fast alle Apfelbäume durch Kakis, Feigen, Granatapfelbäume, Jujuben, Marillen und Mandelbäume ersetzt, und langsam entsteht wieder das Bild ähnlich einer Streuobstwiese. Wichtig ist es Hochstämme zu pflanzen, damit die Wiese darunter leicht gemäht werden kann und genügend Licht und Luft bekommt. Nur wenn die Obstbäume weit genug auseinander stehen, wird sich auch eine Blumenwiese etablieren können, ansonsten wäre es einfach zu schattig. Aus Rückschlägen wird man klug; jeder muss auch anhand der eigenen Gegebenheiten vor Ort lernen, was geht und was nicht. Ich habe nach jahrelangen Bewässerungsmarathons gemerkt, dass wesentlich mehr Pflanzen vertrocknen können als empfindliche Pflanzen im Winter erfrieren. Immer wieder wurde ich gefragt, welche meiner exotischen Pflanzen erfroren sind. Da gab es schon auch Ausfälle, weil ich vieles zum ersten Mal probiert hatte, aber niemals hätte ich mir erträumt, dass durch Trockenheit und Wühlmaus derart viele Pflanzen verloren gehen können. Die beiden arbeiten offensichtlich als unschlagbares Team zusammen. Gießt man nämlich einen frisch gepflanzten Baum, so tobt sich sogleich der Maulwurf dort aus, weil ja die Würmer zu finden sind, wo es feucht ist. Er macht dann auch gerne Hügel genau an der Pflanzstelle und wirft bei seinen energischen Grabarbeiten das Neugepflanzte mitsamt den Wurzeln aus dem Pflanzloch. Das hat wiederum zur Folge, dass es anschließend in der gleißenden Sonne vertrocknet. Wenn man den Baum oder Strauch wieder ins Pflanzloch zurückgibt, kommt auch gerne Kollegin Wühlmaus, macht sich über die bereits in Mitleidenschaft gezogenen Wurzeln her und veranstaltet ein Festessen. Aber trotz Verlusten habe ich es nach vielen Jahren des Kampfes geschafft, und es ist aus der Steppe ein Dschungel geworden. Hielten meine Katzen den Wühlmausbestand nicht im Zaum, sähe der Garten aber sicherlich anders aus.

WASSER ALS WICHTIGES ELEMENT UND LEBENSRAUM IM GARTEN

Wenn man Wasser im Garten möchte, dann sollte man sich das auch früh überlegen, da sich die Wasserfläche und die Randbepflanzung harmonisch in den restlichen Garten einfügen sollten und man ja das Aushubmaterial gleich für einen anderen Gartenbereich verwenden kann. Bei Teichen und kleinen Tümpeln, die man mit Folie anlegt, sollte man nie vergessen, dass sie zwar anfänglich immer gut aussehen, aber besonders kleine und flache Gewässer rasant zuwachsen und in der Folge auch verlanden. Es ist deshalb sinnvoll das Ufer steiler zu gestalten, indem man Steine auf die Folie schlichtet, anstatt allzu viele flache Stellen mit Schotter zu machen.

Wer einen Schwimmteich im Garten möchte, sollte sich am besten an einen Spezialisten wenden, denn hier können viel zu viele Dinge über die Jahre falsch laufen. Am Anfang sehen die meisten Wasserflächen noch gut aus, aber kleine Fehler in der Anlage rächen sich oft erst nach einigen Jahren. Man muss sich überlegen, wie viele Nährstoffe über den Regen eingetragen werden, ob Blätter in den Teich fallen oder wie man den Faulschlamm absaugen kann. Auch das Materialien, das man verwendet, und die Lage im Garten entscheiden darüber, ob der Teich langfristig funktionieren wird.

Kleine Wasserflächen wuchern schnell zu und verlanden

Aus dem allerersten Tümpel, den ich nur für Laubfrösche, Wechselkröten und Rotbauchunken angelegt hatte, ist einige Jahre später mein zweiter Yuccahügel geworden. Das Problem war, dass der Tümpel sehr seicht war und ich auf die Folie feinen Schotter gegeben hatte. Die ersten beiden Jahre hat der Teich super funktioniert, die Amphibien laichten im Gewässer, und bald quakten auch Wasserfrösche im Sommer und sonnten sich auf den Seerosenblättern. Aber es gefiel dem Rohrkolben und anderen Wasserpflanzen derart gut, dass der Teich bald völlig zugewuchert war. Die laufende Pflege war nicht einfach, da der Rohrkolben ein dichtes Netz an Rhizomen im Schotter gebildet hatte. Also entschied ich mich eines Tages dazu, alles auszugraben und die Folie wieder zu entfernen. Jetzt leben die Amphibien eben im Schwimmteich und in den anderen etwas tieferen Gewässern, die aber auch schon nach zehn Jahren stark zur Verlandung neigen. Es wird mir also in abschätzbarer Zeit nichts anderes übrigbleiben, als auch diese Gewässer wieder zu sanieren. Dies ist eine Aufgabe, die wesentlich aufwändiger ist als die Anlage eines Teiches, da die Wurzeln und Rhizome der Pflanzen sich mit Faulschlamm zwischen den Steinen festgesetzt haben und alles dicht verwoben ist. Somit muss erst einmal das Wurzel- und Rhizomgeflecht auseinandergeschlagen werden. Alleine wenn ich an den Geruch des Faulschlamms denke, weiß ich, dass ich die Arbeit noch solange es geht aufschieben werde.

**Teiche so bauen, dass sie auch
in zehn Jahren noch Freude bereiten**

Aus den erwähnten Gründen würde ich dazu raten, Teiche so zu bauen, dass es die Teichpflanzen schwer haben sich auszubreiten. Es sieht zwar nicht besonders natürlich aus, wenn man auf die nackte Folie blickt, aber es ist langfristig die Methode, die am wenigsten Arbeit macht und den Teich über lange Zeit pflegeleicht hält. Besser gefällt es mir, auf die Folie zu betonieren. Dann bildet sich schnell ein Überzug aus Grünalgen, und der Teich schaut meiner Meinung nach viel natürlicher aus, ist aber doch leicht zu pflegen. Die Wasserpflanzen in Körbe zu geben reduziert die Arbeit weiter, wirkt aber nicht besonders naturnah. Ich habe zusätzlich einen Bachlauf in den Garten integriert. Es gibt nichts Entspannenderes, als dem Plätschern eines Bächleins zuzuhören. Dazu pumpe ich das Wasser vom Schwimmteich hoch in den Teichfilter, der am Hang des Hügels, den ich mit dem Aushubmaterial angelegt habe, steht. Von dort fließt das Wasser über einen betonierten Bachlauf zurück in den Schwimmteich. Unter dem Beton habe ich dicke Kautschukfolie verlegt. Kautschuk ist ein Naturmaterial, das auch in der Zukunft das Erdreich durch Zersetzungsprozesse nicht verunreinigen kann. Dem Einzelnen sind bei der Gestaltung mit dem Wasser im Garten natürlich keine Grenzen gesetzt. Es gibt auch ausreichend Literatur darüber, was man im Detail beachten sollte und wie viele Gestaltungsmöglichkeiten es mit Wasser gibt.

DEM GARTEN MIT DEN RICHTIGEN PFLANZEN STRUKTUR GEBEN

Die Bepflanzung eines Gartens sollte aus Rasen, Stauden, Sträuchern und Bäumen bestehen, damit man sowohl horizontale als auch vertikale Akzente setzt. Mir persönlich war es sehr wichtig, dem Garten einen mediterranen Charakter zu verleihen, also entschloss ich mich, viele Italienische Zypressen zu pflanzen, die dem Garten starke vertikale Akzente verleihen. Die straffe aufrechte Form bildet einen schönen Gegenpol zum bunten Staudenmix in den Blühbeeten. Die strengen geometrischen Formen von Yuccas, Palmen und Zypressen setzen geradezu architektonische Akzente im Garten. Dieses Spiel der Formen hat mich schon immer fasziniert, und deswegen habe ich es auch bewusst bei der Gartengestaltung eingesetzt. Mein Grundsatz war dabei auch, dass für das Auge immer ausreichend Abwechslung geboten wird. So schwenkt man gerne den Blick in verschiedene Himmelsrichtungen und entdeckt immer wieder neue Sichtachsen und Farbenspiele, die sich zudem auch mit den Jahreszeiten kontinuierlich verändern.

Herbststimmung mit Kakibaum (noch grün), Granatapfelbaum (gelb) und Lagerstroemia (gelb und rötlich gefärbt) und in der Mitte die immergrüne Mittelmeer-Zypresse

Die Hecke zur Schaffung eines optimalen Kleinklimas

Rund viertausend Quadratmeter des Gartens sind von einer Hecke umgeben. Im windigen Seewinkel erschien mir das sehr wichtig, und so habe ich mir Heckendesigns von England abgeschaut. Die berühmten exotischen Gärten von Tresco werden ja auch von dicken mehrreihigen Hecken eingeschlossen. Nur so können die Pflanzen von der salzigen Meeresgischt und den starken Winterstürmen geschützt werden. Im Seewinkel treten zum einen im Winter sehr kalte Winde auf, die besonders immergrüne Pflanzen bei gefrorenem Boden stark schädigen können. Zum anderen wehen im Sommer trocken-heiße Winde aus Südost, durch die sowohl Böden austrocknen als auch Pflanzen mit empfindlichen Blättern völlig vertrocknen können. Somit habe ich auf der Nord- und Westseite des Gartens eine zwei- bis dreireihige Hecke angelegt, die aus immergrünen Gehölzen und sommergrünen Sträuchern und Bäumen besteht. Die immergrünen Gehölze sind besonders im Winter wichtig, um auch dann Wind- und Sichtschutz zu haben. Gut gelungen ist die Hecke, die außen aus Bambus besteht, dann aus Hibiscus syriacus und nach innen zum Garten hin aus immergrünen frostempfindlicheren Sträuchern wie Mittelmeer-Schneeball (Viburnum tinus) und Immergrünem Liguster (Ligustrum japonicum).

Wer eine Hecke mit Bambus anlegt, muss übrigens unbedingt eine professionelle Bambussperre anbringen, die mindestens sechzig Zentimeter in die Tiefe reicht. Eine einfache Wurzelsperre genügt nicht. Alternativ kann man eine kräftige Betonumrandung machen lassen, die aber auch wenigstens sechzig Zentimeter in die Tiefe reicht. Bambus hält Wind das ganze Jahr sehr gut ab und ist deshalb auch eine gute Alternative zu anderen Hecken.

Bild 1: Im Vordergrund die Blüten des Mittelmeer-Schneeballs (Viburnum tinus) und dahinter die Glanzmispel (Photinia fraseri „Red Robin")
Bild 2: Die Glanzmispel in Vollblüte

Bei der Bepflanzung dem eigenen Gefühl vertrauen und Gleichgewicht schaffen

Obwohl ich die Pflanzen nicht mit Meterstab und Wasserwaage gepflanzt habe, bin ich doch immer wieder mit den neuen Pflanzen im Topf herumgegangen und habe sie aufgestellt, mir im Geiste geometrische Linien durch den Garten konstruiert und sie dann dort hingepflanzt, wo es sich am besten anfühlte. Die von den Zypressen im Garten markierten Linien, die quer über die Hügel weitergeführt werden, waren mir sehr wichtig. Dazwischen habe ich dann auch harmonisch immer wieder meine geliebten Indianerflieder (Lagerstroemia indica) und andere Sträucher integriert.

Immergrüne Alternativen zur Thujenhecke

Leider dominieren hierzulande noch immer Thujenhecken, die viele monotone Vorstadtlandschaften prägen. Im Winter ist die Farbe der Thuje derart unattraktiv und als giftige Pflanze ist sie so schlecht kompostierbar, dass ich mich immer wieder frage, warum sie derart stark verbreitet ist. Zudem wird auch die Trockenheit bei weiterem Temperaturanstieg den meisten Thujen den Garaus machen. Deswegen sollte man gleich zu besseren Alternativen greifen. Zuerst möchte ich gleich die heimische Eibe erwähnen. Sie wächst entgegen der allgemeinen Volksmeinung auch rasch, hat im Winter ein dunkles attraktives Grün, wird uralt und kann beliebig geschnitten werden. Zusätzlich ist sie als Futterpflanze für Vögel wichtig, wenn auch die Beeren oder zumindest die Kerne für den Menschen giftig sind. Als weitere bekannte Alternative möchte ich den Kirschlorbeer erwähnen. Gerade die Sorte „Etna", die sehr kompakt wächst und im Austrieb braun-rötlich erscheint, kann als Hecke empfohlen werden. Aber das sind noch lange nicht alle immergrünen Heckenpflanzen. Vor kurzer Zeit galten Glanzmispel (Photinia fraseri) und Immergüne Ölweide (Eleagnus ebbingei) als nicht winterhart. Ich hatte sie von Anfang an bei mir in Verwendung, und mittlerweile haben auch Gartencenter in Österreich entdeckt, dass diese Heckenpflanzen fast überall winterhart sind. Somit sieht man sie seit wenigen Jahren vermehrt in Österreich bei Neupflanzungen zumindest in den Weinbauregionen und im Donau- und Rheintal. In Deutschland ist sie entlang des Rheins auch immer öfter zu entdecken und dort sicher auch eine gute Wahl. Die Glanzmispel ist als Heckenpflanze besonders attraktiv. Im Austrieb und nach dem Schnitt wächst sie rot, dann blüht sie in weißen Dolden, und im Winter bleibt sie mit ihrem frischen Grün weiter attraktiv und schmückt sich dann auch noch mit roten Beeren. Die Immergrüne Ölweide, die häufig auch mit panaschierten Blättern angeboten wird, ist ebenfalls bis rund −18 °C winterhart und damit ähnlich robust wie der Kirschlorbeer. Die sehr intensiv und wohl riechenden unscheinbaren Blüten erscheinen erst im Spätherbst. Die Immergrüne Ölweide macht nicht nur dichte, sondern auch hohe undurchdringbare Hecken. In sehr milden Lagen kann man auch den attraktiven Mittelmeer-Schneeball (Viburnum tinus) pflanzen, der vom Spätherbst bis ins Frühjahr mit unzähligen kleinen weißen Blütendolden überreich blüht. Später folgen dann die glänzend schwarzen Früchte, die auch wieder als Vogelfutter dienen. Durch den dichten Wuchs ist der Mittelmeer-Schneeball auch ein wichtiger Nistplatz für Vögel. Ebenfalls nur für die milderen Regionen geeignet sind die immergrünen Liguster, Ligustrum japonicum und Ligustrum lucidum. Viel härter ist da die Schmalblättrige Steinlinde (Phillyrea angustifolia) aus dem Mittelmeerraum. Sie hält es im Weinbauklima problemlos aus und hat weder Probleme mit Trockenheit noch mit schwierigen Böden. Die immergrünen glänzenden schmalen Blätter erfrieren erst bei Temperaturen deutlich unter −15 °C. Die lindengleich duftenden cremeweißen Blüten erscheinen zahlreich im Frühjahr und schmücken den kompakt wachsenden Strauch zwischen den Blattachseln. Im Herbst zieren ihn attraktive blauschwarze Früchte. Auch bei der Pflanzengattung der Duftblüte (Osmanthus) gibt es eine ganze Reihe von immergrünen und gut harten Vertretern für eine Hecke. Besonders attraktiv ist der im Frühjahr überaus reich blühende und besonders wohl duftende Osmanthus x burkwoodii. Weitere Duftblüten, die für die meisten Regionen hart genug sind und wertvolle Heckenpflanzen abgeben, sind: Osmanthus armatus (bis ca −20 °C), Osmanthus heterophyllus, Osmanthus fortunei und Osmanthus decorus, der bis in die Türkei heimisch ist und deshalb auch tiefe Fröste bis −23 °C aushält. Meine persönliche Liebe gilt aber nicht den einheitlichen Hecken, sondern einer bunten Hecke aus Blühsträuchern gemischt mit immergrünen Sträuchern.

Bild 1: Die Aztekenperlen-Orangenblume (Choisya ternata „Aztec Pearl")
Bild 2: Blühende Glanzmispel (Photinia fraseri „Red Robin")
Bild 3: Fruchtstand des Glanzligusters (Ligustrum lucidum)
Bild 4: Duftblüte (Osmanthus armatus)
Bild 5: Die Naturform der Orangenblume Choisya ternata ist nur in den mildesten Ecken winterhart.
Bild 6: Vorfrühlingsblüte des Mittelmeer-Schneeballs (Viburnum tinus)

DAS ANLEGEN EINES ARTENREICHEN NATURGARTENS DER ZUKUNFT

Vielfalt in der Hecke macht sie das ganze Jahr über attraktiv

Für mich gehören Flieder und Forsythie genauso zur Hecke dazu wie Kirschlorbeer und Eibe. Osmanthus steht bei mir neben Roseneibisch (Hibiscus syriacus) und Mönchspfeffer (Vitex agnus-castus). So ergibt sich ein buntes Bild, das sich von Woche zu Woche verändert. Immer wieder blüht etwas anderes, und der Duft strömt zu unterschiedlichen Jahreszeiten aus den verschiedensten Büschen. Selbst im Winter ist die Hecke niemals langweilig. Immerhin ist meine Hecke doch rund vierhundert Meter lang, und ich konnte hier eine Menge ausprobieren und Erfahrungen sammeln.

In die bunte Hecke integriert wirkt der Immergrüne Schneeball (Viburnum pragense) viel schöner als solitär gepflanzt. Hier zur Blütezeit zusammen mit der Frühlingstamariske (Tamarix parviflora) in fröhlicher Harmonie vereint.

DIE BLÜHABFOLGE – DER GARTEN SOLLTE NACH MÖGLICHKEIT IMMER BLÜHEN UND STÄNDIG SEIN GESICHT VERÄNDERN

So wie ich bei der Hecke darauf geachtet habe, dass sich zu jeder Jahreszeit etwas tut – mal da was blüht, mal dort Früchte reifen und auch Wildtiere das ganze Jahr über Nahrung und Unterschlupf finden –, so ist es mir auch wichtig, dass sich dieses Blühkonzept durch den ganzen Garten zieht. Nachdem die meisten Pflanzen im Frühling und Frühsommer blühen und dann wieder einige im Herbst, ich aber sehr viel Zeit im Sommer im Garten verbringe, war mir das Pflanzen von Sommerblühern besonders wichtig. Viele meiner Favoriten, die ich in der Folge beschreiben werde, zählen deshalb auch zu den Sommerblühern. Trotzdem ist es sehr wichtig, dass im Garten möglichst zu jeder Jahreszeit etwas blüht und alles farblich zueinander passt oder Spannung erzeugt. Mit etwas Erfahrung – aber auch Wissen, das man sich durch Lesen aneignet – kann man herausfinden, was zur selben Zeit blüht. So kann man die Farben nach seinem eigenen Geschmack kombinieren. Gerade im Frühjahr möchte ich oft, dass das eintönige Gelb der Krokusse von blauen Zwergiris durchbrochen wird oder die gelben Narzissen mit roten Tulpen aufgewertet werden. Im Herbst sollte man darauf achten, dass die Herbstfarben der laubabwerfenden Gehölze zusammen mit den immergrünen Nadelgehölzen und den Spätherbstblühern im Staudenbeet ein buntes Farbenfest liefern, bevor es in den eintönigeren Winter geht. Ich liebe die Kombination von silbrigen Arizona-Zypressen und dunkelgrünen Mittelmeer-Zypressen, durchsetzt mit dem knallroten Herbstlaub der Lagerstroemien, den Gelb- und Rottönen von Sorbus und Viburnum, und den Kontrast der knallblauen Blüten des Eisenhuts und den bunten Blüten der Herbstastern und Herbstchrysanthemen. Das Bewusstsein für knallige Herbstverfärbung steckt bei uns noch in den Kinderschuhen, in den USA und England ist es ein wichtiges Kriterium für die Pflanzenauswahl und die Gartengestaltung.

Bild 1: Die wunderbare Herbstverfärbung bei der Fächer-Eberesche (Sorbus scalaris)
Bild 2: Chrysanthemum „Ceddie Mason"
Rechte Seite: Leycesteria formosa „Purple Rain" kombiniert mit Mittelmeer-Zypressen und den vertrockneten Blüten der Wilden Karde (Dipsacus fullonum)

Die Staudenpflanzungen sollen wie ein bunter Blumenstrauß wirken

Bei meinen Staudenpflanzungen ist es mir ganz wichtig, dass es im Sommer schön durchmischt bunt blüht. Dabei setze ich die Blüher oft so eng, dass sich ganz von alleine ein buntes Blumenbukett wie bei einem Blumenstrauß ergibt. Die meisten Blüher dürfen sich wieder von selbst aussäen, nur wenn sie zu invasiv werden, schneide ich die Samenstände rechtzeitig ab. Unerwartet stark verbreitet hat sich bei mir zum Beispiel der Riesenschuppenkopf (Cephalaria gigantea) aus dem Kaukasus. Wenn solche Riesenstauden sich zu stark ausbreiten, wird das Gesamtbild des Gartens wieder eintönig. Deshalb ist es immer wieder wichtig einzugreifen und teilweise auch radikale Schritte zu setzen, um die Vielfalt im Garten aufrechterhalten zu können. Wenn man die Blühabfolge im Frühjahr und Frühsommer geschickt wählt, dann können sich Beete, die zu Beginn blau und gelb blühen in der Folge in ein Meer von Rot, Weiß und Lila verwandeln. Hier kann sich jeder kreativ seine eigenen Blühfolgen überlegen, die den Garten in seiner Entwicklung bis zum Sommer hin in die verschiedensten Farbtöne taucht. In England achtet man schon seit weit über hundert Jahren darauf, dass die Farben im Garten harmonieren. Ganz anders werden Gärten im mediterranen Design bepflanzt, da kann es ruhig richtig bunt zugehen. Ich denke, dass die Farben im Garten zur eigenen Person passen sollten und natürlich auch zur Umgebung. Im relativ kühlen englischen Klima mit den vielen Regenschauern und grauen Tagen macht sich ein farblich abgestimmter Garten ganz gut. Bei uns in Mitteleuropa, wo die Sonne viel intensiver vom Himmel lacht und auch Hitze und Trockenheit zum Sommer dazugehören, erscheint mir ein buntes Erscheinungsbild viel passender. Viele Sommerblüher erfreuen uns bis weit in den Spätherbst hinein. Sogar einjährige Blüher können im Herbst noch mal ordentlich aufdrehen.

Im Herbst bäumt sich die Blütenpracht im Garten noch einmal auf, und die vielen verschiedenen Herbstastern bestimmen dann die Farbpalette.

Herbst- und Winterblüher machen gute Laune in der sonnenarmen Zeit

Ausgesprochene Herbstblüher wie Herbstanemonen, Herbstastern und die meist erst im November blühenden Chrysanthemen sollten aber im vielfältigen Garten nicht fehlen. Sie läuten die jeweilige Jahreszeit mit ihrem Blühbeginn ein und verlängern so die „gefühlte" Gartensaison durch ein weiteres buntes Feuerwerk an Blüten. Hochwinterblüher sind in milden Wintern auch ein wichtiges Element im Garten, das ich nicht missen möchte. Wir merken alle, dass die Winter von Jahr zu Jahr immer milder werden und zum Teil sogar schneelos sind. Da ist es dann auch sinnvoll, Sträucher zu pflanzen, die mitten im Winter blühen. Sehr schön sind der Duftschneeball (Viburnum burkwoodii) und die Winterblüte (Chimonanthus praecox). Beide verströmen mitten im Winter ihren Duft und lassen uns vom Frühjahr und dem Beginn der Gartensaison träumen. Attraktive Winter- oder Vorfrühlingsblüher sind auch die Zaubernuss (Hamamelis) und der Winterjasmin (Jasminum nudiflorum). Mit Schnee- und Lenzrosen, Winterlingen und Schneeglöckchen geht dann bald der Spätwinter wieder ins Frühjahr über.

DAS ANLEGEN EINES ARTENREICHEN NATURGARTENS DER ZUKUNFT

Gräser bringen Struktur und Leichtigkeit ins Staudenbeet

Wenn wir uns die Gräser als Haare des Planeten vorstellen, dürfen sie auch im naturnahen Garten nicht fehlen. Es gibt mittlerweile eine große Auswahl an verschiedensten Gräsern für den Garten. Entweder kombiniert man sie mit anderen Blühpflanzen oder setzt bewusste Akzente im Garten. Im Schotter passen trockenheitsverträgliche Gräser gut zwischen Kakteen, Agaven und Yuccas. Am Teichrand passt am besten Chinaschilf, von dem es mittlerweile sehr viele Sorten gibt. Ins Präriebeet passt zum Beispiel das Pampasgras, wobei hier nur wenige Sorten ausreichend winterhart sind. Das Zwergpampasgras gehört zu den härteren Vertretern (Cortaderia selloana „Pumila"). Liebesgräser (Eragrostis) sind dekorative Gräser aus der Prärie, die ebenfalls gut in ein Präriebeet passen. Immer schön und gut zu verwenden ist das Karl-Foerster-Gras, oder Sandrohr „Karl Foerster" (Calamagrostis x acutiflora „Karl Foerster"). Das pflegeleichte Gras bildet schöne kompakte Horste und bringt durch seine Form und Farbe Natürlichkeit in den Garten. Die langen Ähren bieten den ganzen Winter hindurch Schmuck und werden erst im Frühjahr abgeschnitten. Das attraktive Gras sollte in Abständen von mindestens einem Meter gepflanzt werden, damit die Horste gut zur Geltung kommen.

BACK TO THE ROOTS

**Linke Seite: Herbstverfärbung beim Spargel
Rechts: Die Chinesische Winterblüte (Chimonanthus praecox) blüht im Spätwinter oder Vorfrühling.**

In einer Zeit, in der alles neu erfunden werden muss und nur bahnbrechende Innovationen Gehör in den Medien finden, macht diese Entwicklung leider auch vor unseren Gärten nicht Halt. Obwohl sich die Menschheit mit der jahrtausendealten Feldbaumethode bis vor kurzer Zeit bestens ernähren konnte, muss es jetzt plötzlich auch im Garten neue Trends geben, die alles Bewährte über Bord werfen. Da bastelt plötzlich jeder Hobbygärtner, der von der Selbstversorgung träumt, hölzerne Hochbeete mit Plastikfolien drinnen. Menschen, die sich nie für den Gemüsebau interessiert haben, hämmern, schrauben, klopfen und zimmern sich nun Kästen, die sie kreuz und quer in den Garten stellen. Man hört von wundersamen Dingen im Internet und gießt dann keine Tomaten mehr, weil jemand behauptet hat, dies sei ohnehin überflüssig; Gemüse wird, weil es eben gerade modern ist, in Mischkulturen so dicht gepflanzt, dass es sich gegenseitig die Nährstoffe wegnimmt; ja sogar Folientunnels werden aufgestellt, damit man sich selbst mit Gemüse versorgen kann. Für mich ist das eine interessante Entwicklung, in jedem Fall kann die Industrie von diesen Trends gut leben. Es werden ja auch schon ganze Gärten mit Unkrautvlies ausgelegt, und jede vermeintlich empfindliche Pflanze wird im Winter in ein Vliesmäntelchen eingepackt, als wäre sie wie ein Mensch in der Lage selber Wärme zu produzieren.

KUNSTSTOFF SOLLTE NACH MÖGLICHKEIT AUS DEM GARTEN VERBANNT WERDEN

Die beiden Letztgenannten sind meiner Meinung nach ziemlich sinnlose Verwendungen von Kunststoff im Garten und verkörpern für mich die alarmierende Entwicklung, dass das letzte Stück Natur, mit dem wir uns noch beschäftigen, jetzt auch schon Teil unserer schnelllebigen Plastikwelt wird. Niemand bedenkt, dass irgendwann jede PVC-Folie in ihre Einzelteile zerfällt und natürlich auch Unkrautvlies nicht ewig hält. Winterschutzvlies verwandelt den Garten im Winter in ein hässliches Gelände, und meist verursacht das Vlies durch einen physikalischen Prozess besonders bei Strahlungskälte, also bei wolkenlosem Himmel, größere Kälte und somit größere Schäden an der Pflanze als ohne Schutz. Aber eine ganze Industrie kann eben von diesen modernen Trends leben. Ich finde es ist an der Zeit, dass die Gartenbesitzer endlich aufwachen und sich wieder darauf zurückbesinnen, was Gärtnern eigentlich bedeutet, und dass man im Kreislauf der Natur und vor allen Dingen nachhaltig den Garten pflegt, ohne ein PVC-verseuchtes Gelände für die Nachwelt zu hinterlassen.

RÜCKBESINNUNG IM GEMÜSEANBAU

Ein Distelfalter auf dem Riesenschuppenkopf (Cephalaria gigantea)

Nachdem ich viele Jahre alternative Arten des Gemüsebaus ausprobiert hatte, wofür ich auch von den vielen kleinen traditionellen Gemüsebauern belächelt wurde, bin ich jetzt zur traditionellen Ackerbaumethode zurückgekommen. Warum das Rad neu erfinden, wenn es über so lange Zeit gut funktioniert hat? Die Mischkultur hat zwar den Vorteil, dass sich bestimmte Pflanzen wirklich gegenseitig fördern, aber sie macht durch die dichte Bepflanzung die laufende Bearbeitung des Bodens schwierig bis fast unmöglich, und das Unkraut kann sich zwischen den Gemüsepflanzen verstecken. Ich bin wieder dazu zurückgekehrt, das Gemüse in Reih und Glied mit genügend Abstand zu pflanzen, mit dem Heindl (Hacke) effizient das Erdreich immer wieder aufzulockern und das Unkraut händisch zu entfernen. Macht man das regelmäßig, bleibt das Erdreich locker und die Arbeit ist weniger anstrengend. Die ausgehackten Sämlinge des Unkrauts kann man als Gründünger liegen lassen. Mit dieser Methode, die meine Nachbarn im Dorf schon ewig anwenden, habe ich mit Abstand die besten Erträge und den wenigsten Ärger. Tomaten werden bei mir einfach an hohe Stöcke mit biologisch abbaubarem Bast aufgebunden; Paprika bekommen kürzere Stecken; Rankbohnen dürfen auch in die Sträucher klettern, haben aber zudem Bambusstecken. Melanzani, Zucchini, Kürbisse, Karotten, Mangold, Pastinaken und vieles mehr kultiviere ich schon weit über zehn Jahre. Als Dünger kommen für mich nur biologische Produkte in Frage. Hornspäne und Guano oder abgelagerter Pferdemist werden mindestens einmal pro Jahr in den Boden eingearbeitet.

PVC-FOLIEN UND VLIES HABEN GENAU WIE HERBIZIDE UND PESTIZIDE NICHTS IM NATURNAHEN GARTEN VERLOREN

Was im Gemüsegarten für mich selbstverständlich ist, sollte auch im Rest des Gartens gelten, nämlich der völlige Verzicht auf Unkrautvlies und Unkrautfolien. Diese lösen sich ohnehin nach wenigen Jahren auf und zerfallen im Boden, und viele Unkräuter wachsen natürlich trotz Vlies weiter. Viel vernünftiger und nachhaltiger ist es, im Garten Rindenmulch aufzutragen, der durch seine Gerbstoffe gut Unkraut unterdrückt und die Feuchtigkeit im Boden hält.

MEINE FAVORITEN UND PFLANZEN FÜR DIE ZUKUNFT

Der vertrocknete Blütenstand der Ruthenischen Kugeldistel (Echinops ritro)

Nun möchte ich meine Favoriten unter den Gartenpflanzen vorstellen, die in Zukunft das veränderte Klima am besten meistern sollten. Invasive Pflanzen, die sich unkontrolliert vermehren und in die Natur ausbrechen, wo sie natürliche Pflanzengesellschaften zerstören könnten, die über Jahrhunderte gewachsen sind, werden natürlich nicht angeführt. Um in diese Liste aufgenommen zu werden, muss eine Pflanze zum einen sehr attraktiv oder exotisch wirken und zum anderen Trockenheit und extreme Hitze aushalten können. Nur diese Pflanzen der Zukunft, die zum Großteil noch weitgehend unbekannt sind oder viel zu wenig in unseren Gärten verwendet werden, möchte ich hier beschreiben und empfehlen. Mit den meisten exotischen Pflanzen habe ich weit über zehn Jahre Erfahrung und sie auch unter verschiedensten Bedingungen ausprobiert. Einige Pflanzen haben leider in unserem Klima versagt und werden hier auch nicht näher beschrieben, obwohl sie eigentlich zu meinen Favoriten zählen. Dazu gehören viele Pflanzen aus Neuseeland, Australien oder Chile. Meist war der Grund für das Absterben, dass das kontinentale trockene pannonische Klima am Ostufer des Neusiedler Sees einfach unpassend war. Nur Pflanzen, die auch langjährig die Winter im kontinentalen Weinbauklima überlebt und Trockenheit und Winternässe vertragen haben, werden von mir hier angeführt, wenngleich sie sicher nicht für alle Regionen Österreichs oder Mitteleuropas geeignet sind. Aber wir werden wahrscheinlich in den nächsten Jahren sehr starke Klimaveränderungen erleben, und so wird vieles, was hier im pannonischen Klima noch als grenzwertig gilt, bald in weiten Teilen Europas kultiviert werden können.

INDIANERFLIEDER, KREPPMYRTE
LAGERSTROEMIA INDICA X FAURIEI

Die Paradepflanze der Südstaaten

Schon als Teenager sind mir diese sehr auffallend blühenden und exotisch wirkenden Lagerstroemien als Straßenbäume in Italien aufgefallen. Sie zieren den ganzen Sommer hindurch ganze Straßenzüge ohne dabei durch dichtes Laub zu verdunkeln. Das hängt vor allem auch damit zusammen, dass die kleinen Bäume im Frühjahr radikal zurückgeschnitten werden, um starke und dichte Blütendolden zu garantieren. Erst beim Durchforsten US-amerikanischer Websites kam mir die Idee, dass sie eigentlich in Weinbauregionen winterhart sein müssten. Das hat sich dann bei meinen Auspflanzversuchen auch bestätigt, wobei nicht alle Sorten gleich winterhart sind. In den USA hat man allerdings viele Hybriden auch auf Winterhärte gezüchtet.

Die korrekte wissenschaftliche Bezeichnung für diese Hybriden ist Lagerstroemia indica x fauriei. Im Handel angeboten werden sie aber meist nur mit dem Sortennamen. Die amerikanischen Hybriden tragen sehr oft Namen von Indianerstämmen, deshalb auch der im Deutschen gerne verwendete Name Indianerflieder. Lagerstroemia ist besonders in den Südstaaten, und hier speziell in Georgia, ein häufiger Großstrauch oder kleiner Baum, der fast schon fluoreszierend grelle Blüten hat. Im gemäßigten Klima gibt es kaum einen anderen Baum, der im Sommer so auffallend blüht. Die imposanten Gehölze sind an Attraktivität schwer zu überbieten: eine tolle Rinde, die sogar im Winter den Garten aufwertet, rötlicher Austrieb im Frühjahr, eine attraktive Blüte im Sommer und eine beeindruckende Herbstverfärbung, die kaum ein anderer Baum oder Strauch bieten kann.

Trotzdem wird die Lagerstroemia selten in Österreich oder Deutschland gepflanzt. Sie gilt leider als nicht winterhart, obwohl sie Fröste bis –20 °C aushält. Auch für kältere Gebiete ist sie geeignet, solange die Sommer warm und sonnig sind. Friert die Lagerstroemia nämlich in einem sehr kalten Winter bodeneben zurück, dann treibt sie aus dem Wurzelstock aus und blüht im gleichen Jahr wieder, da sie nur an frischen Trieben blüht. Aus dem Grund findet man sie in den USA auch in Gebieten, wo Fröste bis –30 °C vorkommen. Ich selbst habe gute Erfahrungen gemacht, nur wenige Sorten frieren unter –15 °C ins Holz. Ungünstig sind allerdings Spätfröste, wobei Lagerstroemia erst sehr spät austreibt und nur selten spätfrostgefährdet ist. Wer also auf Nummer sicher gehen möchte, pflanzt seine Lagerstroemia einfach im Frühjahr etwa zehn bis fünfzehn Zentimeter tiefer als im Topf vorgezogen und garantiert so, dass die Pflanze auch in den härtesten Wintern wieder von unten zahlreich austreibt und im Sommer überreich blüht. Achten sollte man auf einen durchlässigen Boden, ausreichende Bewässerung und einen sonnigen Stand. Eine der härtesten Auslesen, die schon sehr früh blüht, ist „Natchez". Die weiß blühende Lagerstroemia ist auch in kühleren und nicht so sonnigen Regionen einen Versuch wert. Im Weinbauklima kann man die meisten Sorten probieren, die im Handel angeboten werden. Überall dort, wo es auch ausgepflanzte Feigen gibt, wird die Kreppmyrte keine Probleme machen, weil sie im Holz meist härter ist als Feigenbäume. Empfehlenswerte Sorten sind: „Acoma", „Yuma", „Tuskegee", „Sioux", „Tonto", „Natchez", „Nivea", „Coccinea", „Dynamite".

Bei Lagerstroemia indica X fauriei gibt es mittlerweile unzählige Kulturformen, die von weiß über rosarot, lila und dunkelrot vom Hochsommer bis in den Herbst im sommerwarmen Klima unermüdlich blühen.

FACKELLILIE *KNIPHOFIA*

Prachtkerzen aus Südafrika

Welcher Gartenbesitzer kennt nicht die wunderschönen tropisch wirkenden Fackellilien? Aber kaum jemand weiß, dass es eine Riesenanzahl von verschiedenen Sorten der Fackellilie gibt. In unseren Gärten sieht man meist jene, die nur im Frühsommer blühen, obwohl es Sorten gibt, die viele Monate in den Sommer hinein oder sogar im Herbst noch Blüten treiben. Dabei gibt es von hellgelb bis dunkelrot alle Farbschattierungen und auch die verschiedensten Größen. Kniphofia nobilis wird bis zu drei Meter hoch und ist noch dazu gut frosthart. Sehr exotisch, fast wie eine Bromelie oder Agave, wirkt Kniphofia northiae. Sie ist mit leichtem Winterschutz auch in kälteren Gebieten gut hart. Allerdings muss man für sie ein bis zwei Quadratmeter Platz einplanen, da sie sehr ausladend groß wird. Die Heimat der Fackellilie ist Südafrika, wo sie entlang von Bächen und auf Bergwiesen meist auf schottrigem Untergrund wächst. Deswegen kann man sie auch bei uns im Schotterbeet gut kultivieren, obwohl sie auch mit anderen Bodentypen zurechtkommt. Pflanzt man sie im Schotter, muss man in trockenen Sommern doch etwas wässern, da sie ja kein Wüstengewächs ist, sondern aus eher feuchteren Regionen stammt, die nach der Blütezeit auch austrocknen können. Vor und zur Blüte ist Trockenheit aber nicht förderlich. Gute Sorten sind „Nancy's Red", „Minister Verschuur", „Northiae", „Safranvogel", „Bees' Lemon", „Wrexham Buttercup", „Moonstone", „Primrose Upward", „Ice Queen".

Die Fackellilie (Kniphofia) gibt es in vielen Sorten und Blühfarben.

MITTAGSBLUME *DELOSPERMA*

Bei den Mittagsblumen werden im Handel vermehrt winterharte Arten und Hybriden angeboten; hier: Delosperma „Fire Spinner".

Blühende Matten aus den Bergen Südafrikas!

Südafrika ist auch die Heimat der Mittagsblumen. Viele Sorten sind bei uns winterhart. Die sehr stark wachsende Delosperma cooperi ist nur im Weinbaugebiet ausreichend winterhart, sonst braucht sie ein wenig Winterschutz. Ein sonniger Platz in sehr durchlässigem Substrat ist allerdings ein Muss. In feuchten Jahren blüht dann Delosperma cooperi mit auffallenden rosaroten, fast magentafarbenen Blüten, den ganzen Sommer durch bis in den Spätherbst. Gelbe Sorten sind für etwas feuchteres Klima geeignet. Bei mir kollabieren in der Hitze und Trockenheit leider immer wieder etliche gelbe Sorten, die aber in Deutschland und Holland die beste Performance hinlegen. Einige gelbe Sorten sind überdies auch reine Frühjahrs- oder Frühsommerblüher, wie zum Beispiel „Gold Nugget" oder „Lesotho". Mittlerweile werden so viele Sorten angeboten und es kommen ständig neue dazu, dass man sich mit detaillierten Beschreibungen schwer tut. „Kelaidis" blüht lachsrosa und ist weitgehend unkompliziert. Das einzige Problem, das ich mit Delosperma cooperi habe, ist nämlich die enorme Ausbreitungsgeschwindigkeit. Auf Steinmauern und im Schotter überwuchert sie alles und verschluckt winterharte Kakteen und Agaven unter sich. Da sind viele neue Züchtungen und kleinwüchsigere Naturformen zurückhaltender und bilden oft nur kleine kompakte Polster. Sehr gut gefällt mir „Jewel of the Desert Garnet". Die Blüten schillern herrlich in der Sonne. Außer gelben und rosa, lachsfarben und rot blühenden Mittagsblumen gibt es auch rein weiß blühende, wie zum Beispiel die Sorte „Graaff-Reinet". Delosperma gehören für mich auch zu den Pflanzen der Zukunft. In Schotter oder zwischen Steine gepflanzt, können die für das jeweilige Klima passenden Sorten völlig ohne Bewässerung und mit geringem Pflegeaufwand kultiviert werden. Je winterhärter die Sorten, umso eher kommen sie aus höheren Lagen in Südafrika und brauchen deswegen dann auch meist mehr Feuchtigkeit.

AGAVEN

Mexikanische Wüstenbewohner mit perfekter Geometrie

Man möchte es nicht glauben, aber es gibt doch eine Reihe von Agavenarten, die unter geeigneten Kulturbedingungen in Österreich winterhart sind. Sie stammen meist aus Hochgebirgslagen, wo sie jeden Winter Schnee und Kälte ertragen müssen. Früher kannte man hierzulande nur Agave americana, die aber bei Temperaturen unter −9 °C erfriert. Zwei bei uns in Europa neue Arten sind vergleichsweise einfach zu kultivieren, und zwar Agave neomexicana und Agave ovatifolia. Die Erstgenannte hält Fröste bis unter −20 °C aus, solange die Pflanzen in durchlässigen Schotter oder Splitt gepflanzt werden, Letztere bis −15 °C. Ein sonniger Standort und ein regenarmes Klima, wie man es beispielsweise im Osten Österreichs vorfindet, ist allerdings Bedingung. Wenn die Faktoren stimmen, hat man über viele Jahre Freude mit den Agaven. Sie wachsen zwar langsam, aber kindeln reichlich, und so hat man bald einen Agavenhorst. Wer nicht allzu lange warten möchte und schon bald eine beeindruckende Agave haben will, sollte zu Agave ovatifolia, der Walzungen-Agave greifen. Sie gehört zu den jüngsten Neuentdeckungen für unser Klima und macht nicht einmal im viel feuchteren Deutschland Probleme im Winter. Sie gehört zu den Agaven mit dem schnellsten Wachstum und kann nach wenigen Jahren einen Durchmesser von zwei Metern erreichen. Deswegen unbedingt von Anfang an an einen Ort pflanzen, wo auch genügend Platz für diese riesigen Sukkulenten ist. Im milden Weinbauklima kann man an geschützter Stelle und im durchlässigen Substrat auch Agave parryi, Agave gracilipes und Agave havardiana probieren. Ich habe mit den genannten Agaven nur gute Erfahrungen gemacht und kultiviere noch weitaus mehr Arten, die allerdings in feuchten Jahren oder in kalten Wintern Probleme haben können, weswegen ich sie hier auch nicht explizit empfehlen möchte.

Die sicherlich größte und eindrucksvollste winterharte Agave ist die Walzungen-Agave (Agave ovatifolia). Sie kann nur bei perfekter Drainage im Weinbauklima probiert werden. Hier sieht man sie mit winterlichem Raureif überzogen.

160 MEINE FAVORITEN UND PFLANZEN FÜR DIE ZUKUNFT

YUCCAS

Eine Reise von den Wüstengebieten der Rocky Mountains bis nach Mexiko

Besonders gut zu den Agaven passen Wüstenyuccas. Bereits seit vielen Jahrzehnten sind Yuccas in unseren Gärten bekannt, darunter auch stammbildende wie Yucca gloriosa oder Yucca recurvifolia. Diese Yuccas stammen aus feuchten Regionen im Südosten der USA und können problemlos in die Erde gesetzt werden. Wüstenyuccas mit hohen und dicken Stämmen sind aber noch relativ wenig bekannt und können auch nicht einfach in die normale Gartenerde gepflanzt werden. Sie sind ideal für den Steingarten oder für ein Schotterbeet in vollsonniger Lage. Im trockenen Weinbauklima am unproblematischsten und trotzdem sehr exotisch ist Yucca rostrata. In der Natur kommt sie zwischen Texas und dem nördlichen Mexiko vor, und sie kommt mit unserem pannonischen Klima in Ostösterreich sehr gut zurecht. Im Winter gibt es kaum Schäden, solange die Temperaturen nicht unter −20 °C fallen und es nicht durchgehend neblig und nass wird. Nach sehr feuchten Wintern kann es zu verpilzten Blättern kommen, die aber dann im folgenden Jahr wieder schnell auswachsen. Im Nordwesten Deutschlands ist diese Yucca viel problematischer und braucht im Winter wahrscheinlich einen aufwändigen Regenschutz, um überleben zu können. Eine zweite Wüstenyucca hat sich auch noch als ungemein robust für den Osten Österreichs erwiesen, und zwar Yucca faxoniana, die mit ihren dicken Stämmen und langen, schwertartigen steifen Blättern auch „Spanisches Bajonett" genannt wird. Sie gehört sicher nicht zu den kinderfreundlichsten Pflanzen und sollte daher an Stellen im Garten gepflanzt werden, wo es zu keinen Verletzungen kommen kann. Um den Import von aus der Natur entnommenen Exemplaren zu verhindern, sollte man nur gut eingewurzelte relativ junge Pflanzen erwerben. Seit vielen Jahren werden Wüstenyuccas in Spanien von Samen hochgezogen, was den Vorteil hat, dass die Pflanzen sehr gesund sind und sofort anwachsen. Die Auspflanzzeit für Agaven und Yuccas sollte immer das Frühjahr oder der Frühsommer sein, damit die Pflanzen sich an das neue Klima anpassen können. Alle Yuccas treiben bei erfolgreicher Kultur beeindruckende Blütenstände im Frühsommer. Leider fehlt bei uns die Yuccamotte, die zur erfolgreichen Befruchtung notwendig wäre. Deswegen kann man Yuccas leider nicht selber über die eigenen Samen vermehren, außer man führt die Bestäubung händisch durch, was allerdings einiges Wissen und Erfahrung erfordert.

Linke Seite: Yucca rostrata steht schon seit 2008 ohne jeglichen Winterschutz im Freien. Vorne im linken unteren Eck sieht man eine Yucca pallida.
Rechts: Die Yuccablüte gehört zu den Höhepunkten im Frühsommer.

WINTERHARTE KAKTEEN

**Stachelige Schönheiten
aus Nord- und Südamerika**

In den letzten Jahren ist das Interesse an winterharten Kakteen spürbar gestiegen. Es gibt kaum einen größeren Pflanzenmarkt mehr, auf dem keine winterharten Kakteen angeboten werden. Die Auswahl ist groß, denn in vielen Verbreitungsgebieten von Sukkulenten treten im Winter zum Teil strenge Fröste auf. Die Frage ist oft nicht, ob die Pflanzen die niedrigen Temperaturen aushalten, sondern vielmehr ob sie die Kombination von Winterregen, nassem Boden und hoher Luftfeuchtigkeit zusammen mit tiefen Frösten aushalten. Alle Sukkulenten können selbst im Sommer durch tagelangen Dauerregen eingehen. Deswegen ist hier wieder der Osten Österreichs mit seinem kontinentalen Klima am besten für die Kultur von Kakteen geeignet. Wer weiter im Westen, Norden oder in alpinen Regionen lebt, kann es aber auch probieren. Besonders unter einem Dachvorsprung oder mit großflächigem Nässeschutz im Winter sollte man sich den Traum eines Wüstengartens auch dort erfüllen können. Das Um und Auf ist auch hier wieder das Substrat: Schotter, Kies oder Splitt, durchmischt mit ein wenig sandiger Erde, sind am besten geeignet, um Kakteen langfristig im Freien halten zu können. Das größte Problem ist hier sicher das Unkrautjäten zwischen den stacheligen Freunden. Deswegen ist der Schotter besonders wichtig, damit von vornherein der Unkrautwuchs unterdrückt wird. Es gibt sowohl winterharte Opuntien, in Österreich oft liebevoll Ohrwaschelkaktus genannt, als auch winterharte Säulenkakteen, Cylindropuntien, die in unserem Klima eineinhalb Meter und höher werden können. Auch eine Reihe von Kugelkakteen ist winterhart und wird zusammen mit Opuntien und Cylindropuntien von Frühling bis Frühsommer überreich blühen, wenn man die Grundregeln der Freilandkultur einhält: durchlässiges Substrat und Schutz vor übermäßigem Niederschlag. Winterharte Kakteen sind hervorragend dazu geeignet, Flachdächer zu begrünen, weil sie ohne Bewässerung auskommen. Besonders im urbanen Raum werden Sukkulenten zur Dachbegrünung kaum verwendet, dabei hätten sie genau da ihr großes Potenzial. Eine Schicht aus mit etwas Erde vermischtem Schotter würde völlig ausreichen, um auf einem Dach einen neuen Lebensraum entstehen zu lassen, den auch heimische Wildtiere gerne aufsuchen würden.

Winterharte Feigenkakteen werden oft im Handel angeboten und blühen auch hierzulande problemlos. Ausgezeichnete Drainage und trockenes Klima oder Regenschutz sind für das langfristige Überleben allerdings eine Grundbedingung.

STEPPENGRÄSER

Steppenflair aus Zentralasien, Australien und dem Mittelmeerraum

Unter dem Namen „Steppengräser" möchte ich alle Gräser, die mit Trockenheit und Hitze gut zurechtkommen, zusammenfassen, also auch Gräser aus dem Mittelmeerraum und anderen Erdteilen. Als erstes fallen mir da gleich die Federgräser (Stipa) ein, denn die sind nicht nur äußerst attraktiv, sondern auch sehr trockenheitsverträglich, und schmücken selbst im Winter mit den vertrockneten Ähren noch den Garten. An vielen Orten in Ostösterreich heimisch sind sowohl Stipa capillata, das Haar-Pfriemengras, als auch Stipa pennata, das Echte Federgras. Für die naturnahe Gestaltung von felsigem und steinigem Gelände in vollsonniger Lage ist dies die erste Wahl. Alle Stipas bevorzugen steinigen oder leicht sandigen Boden, der keinesfalls ständig nass sein darf. Besonders attraktiv ist das mit seinen Ähren hoch über den Blühpflanzen wedelnde Stipa gigantea, das Riesen-Federgras aus dem Mittelmeerraum. Zu meinen Favoriten gehört aber auch Stipa tenuissima, das Mexikanische Federgras. Seine Ähren schwingen graziös im Wind, und selbst bei Winterstürmen bringt dieses Gras lebhaften Rhythmus in den Garten. An geeigneter Stelle sät sich das Federgras selber aus und bildet mit der Zeit einen lockeren Teppich auch an trockenen und unwirtlichen Stellen im Garten. Die Auswahl an Gräsern ist in den letzten Jahren aufgrund der Nachfrage auch gewachsen. Sehr schön ist auch Pennisetum, das Lampenputzergras; es braucht allerdings mehr Feuchtigkeit und ist nicht für extrem trockene Stellen und Südhänge geeignet, es sei denn man lebt in einer regenreicheren Gegend. Für trockene Standorte – wenn auch mit starkem Ausbreitungsdrang – ist das Siebenbürgische Perlgras (Melica transsilvanica) eine gute Wahl. Mir gefällt diese heimische Pflanze sehr gut, und sie wächst bei mir an den trockensten südgerichteten sandigen Hängen, wo sonst kaum andere Pflanzen wachsen würden. Die attraktiven Reitgräser (Calamagrostis) sind durch ihre unterirdischen Ausläufer schwer im Zaum zu halten und wachsen auch auf heimischen Gstätten (Ruderalstandorten) und Wiesen, die nicht gemäht werden. Es gibt aber auch harmlose Vertreter dieser Gattung. Sehr zu empfehlen ist das „Karl Foerster"-Reitgras, denn es bildet keine Ausläufer und wächst zu schönen Horsten heran. Die straff aufrechten Blütenrispen machen dieses Ziergras besonders beliebt. Es wächst auch an etwas feuchteren Stellen, und die standfesten Halme sind selbst während des Winters durch die weizenfarbenen Ähren von großem gestalterischem Wert für den Garten.

Das Riesenfedergras (Stipa gigantea) wird viel zu selten gepflanzt, obwohl es völlig winterhart ist und wunderbare Akzente setzt.

MITTELMEER-ZYPRESSE, ITALIENISCHE ZYPRESSE
CUPRESSUS SEMPERVIRENS

Die Toskana zu Gast im Garten

Cupressus sempervirens gehört für uns alle untrennbar zur Landschaft des Mittelmeers dazu. Was wäre die Toskana ohne die dunkelgrünen Säulen der Mittelmeer-Zypressen? Im Weinbauklima bis mindestens −20 °C winterhart, kann sie auch in kühleren Regionen an der Südwand gut wachsen. Wichtig ist eine Auspflanzung im Frühjahr, damit die Pflanzen sich gut akklimatisieren können. Für mich ist die Zypresse in der Gartengestaltung besonders wertvoll, weil sie beeindruckende vertikale Akzente setzt und zudem als Symbol des Südens dem Garten sofort ein mediterranes Flair verleiht. Früher war die Mittelmeer-Zypresse als nicht winterhart klassifiziert worden, es gibt aber im Wiener Umland, entlang der Donau und rund um den Neusiedler See jahrzehntealte wunderschöne Exemplare. Die früher etwas kühleren Sommer haben das spitze Wachstum nicht gerade unterstützt, in den letzten Jahren hat sich aber in Ostösterreich und anderen Regionen Mitteleuropas gezeigt, dass sich auch hierzulande bereits eine Wachstumsform wie in Italien eingestellt hat. Dazu sollte man auch wissen, dass perfekt spitze Zypressen auch im Mittelmeer oft durch Schnitt in Form gehalten werden und dass es viele Auslesen gibt, die von vornherein entweder kompakter oder spitzer wachsen. Nachdem auch in einigen Regionen Italiens strenge Fröste ein Thema sind, hat man gerade in Italien Sorten selektiert, die gut winterhart sind. Meist frieren aber bei Zypressen in strengen Wintern nur die Wipfel ab. Wenn man im Frühjahr die verdörrten Triebe wieder auslichtet, dann wächst sich die Zypresse in Kürze wieder in Form. Ich hatte sogar einmal eine bereits meterhohe Zypresse in der Mitte abschneiden müssen, da sie von einem Pilz befallen wurde. Nach bereits einem Jahr war sie von der Form her wieder ganz zugespitzt, und man konnte vom Eingriff nichts mehr erkennen. Ich empfehle überhaupt Zypressen in der Jugend, also solange man die Zweige noch mit einer normalen Leiter erreichen kann, stark zu schneiden, insbesondere wenn durch Schnee Zweige abbrechen, da das daraufffolgende verstärkte Wachstum die kompakte und spitze Form begünstigt. Alte Zypressen wurden in Österreich fast ausschließlich aus Samen gezogen, weil der Import von Pflanzen vor dem EU-Beitritt fast unmöglich war. Seither kann man bei uns Mittelmeer-Zypressen erwerben, die vegetativ vermehrt werden und ein viel schlankeres Wachstum aufweisen. Die spitze Form geht übrigens auf Selektionen zurück, die bereits von den Römern vorgenommen wurden und sich so im ganzen Mittelmeerraum schon vor zweitausend Jahren ausbreiten konnten.

In Gruppen oder Reihen, aber nicht zu eng gepflanzt, wirken die Mittelmeer-Zypressen besonders gut.

ZEDERN

Grazien aus Nordafrika, Kleinasien und dem Himalaya

Nachdem ich schon Zypressen und Pinien erwähnt habe, fehlen jetzt nur noch die Zedern als ebenso beeindruckende immergrüne und landschaftsprägende Nadelgehölze aus dem Mittelmeerraum. Ihre nickenden Wipfel und Zweige verleihen der Himalaya-Zeder (Cedrus deodara) eine ganz besondere Grazie. Sie gehört so untrennbar für mich zum malerischen Bild der oberitalienischen Seen dazu wie kaum eine andere Pflanze und stellt für mich den Gegenpol zur Mittelmeer-Zypresse dar, die straff aufrecht am Seeu-

Die Himalaya-Zeder (Cedrus deodara) ist die anmutigste aller Zedern.

fer und an den Hängen steht. Die Himalaya-Zeder erscheint erhaben und edel und erinnert mit ihren weich wirkenden Nadeln an eine adelige Schönheit aus alten Zeiten. Wer einmal die Nadeln einer Himalaya-Zeder berührt hat, weiß allerdings, dass das weiche Bild nur Schein ist, denn die Nadeln stechen bei Berührung wesentlich unangenehmer als die jeder anderen Zeder. Die Heimat der Himalaya-Zeder sind, wie der Name schon verrät, Bergwälder des Himalayagebirges in Indien. Deswegen ist die Himalaya-Zeder nicht ganz so trockenheitsverträglich wie ihre Cousinen aus dem Mittelmeerraum. In feuchten Regionen, wie zum Beispiel dem Steirischen Hügelland, wird die Himalaya-Zeder genauso wie in Deutschland bestens wachsen, Temperaturen unter −20 °C werden allerdings nicht ertragen. Die beiden im Mittelmeerraum heimischen Zedern sind die Atlas-Zeder (Cedrus atlantica) aus dem Atlasgebirge in Marokko und die Libanon-Zeder (Cedrus libani) aus dem Nahen Osten. Die Libanon-Zeder wird mit den Jahren besonders ausladend und mit 25 bis 30 Metern so breit wie hoch. In den Gärten alter englischer Herrschaftshäuser gehört sie zu den auffälligsten Gehölzen. Auch in Wien gibt es über 250 Jahre alte Exemplare im Burggarten und beim Bruno-Kreisky-Forum in Wien-Döbling. Warum diese Zeder sonst kaum gepflanzt wird, obwohl sie seit Jahrhunderten ihre Wintertauglichkeit hierzulande bewiesen hat, ist mir ein Rätsel. Wer eine vom Wuchs etwas schlankere Zeder möchte, kann zur Altlas-Zeder greifen. Durch ihr asymmetrisches Wachstum bringt jede Zeder für mich etwas Unordnung in den Garten. Dadurch wirkt der Garten auch im Winter interessant, und die verschiedenen Formen der Nadelgehölze aus dem Süden sprechen für mich eine ganz eigene Sprache, die mir im Garten besonders wichtig ist.

MITTELMEER-PINIE *PINUS PINEA*

Die Pinie (Pinus pinea) habe ich 2006 als einjährigen Sämling ausgepflanzt.

Der Straßenbaum der Römer aus dem Mittelmeerraum

Denkt man an die Toskana, dann gehören zur Landschaft genauso untrennbar wie die Zypressen auch die Pinien (Pinus pinea) dazu. Obwohl die Nadeln in sehr strengen Wintern braun werden können, ist die Pinie sogar noch winterhärter als die Zypresse und friert auch bei Temperaturen unter −20 °C nicht zurück. Zur guten Entwicklung braucht sie allerdings lange und warme Sommer und ist deswegen auch nur für Österreichs Flachland geeignet. In Westdeutschland ist sie relativ oft zu sehen und kann dort als weitgehend unproblematisch bezeichnet werden. Sandige oder steinige und trockene Böden sind für die Kultur am geeignetsten. Die Pinie wächst vom Boden her überall dort, wo auch unsere Schwarzkiefer gedeihen würde. Pinien werden aber im Vergleich zur heimischen Schwarzkiefer viel größer und sollten nicht zu nahe an Gebäude gepflanzt werden, weil die flachen Wurzeln das Fundament anheben können. Punkten kann die Pinie mit Trockenheitsverträglichkeit, außerdem ist sie auch gut stadtklimatauglich. Ich habe meine erste Pinie als Sämling vor über zehn Jahren aus Spanien mitgenommen. Mittlerweile ist aus ihr ein stattliches Exemplar geworden, und sie wächst im sandigen Schwarzerdeboden besonders schnell und vital. Empfehlen kann man die Pinie für sämtliche Weinbaugebiete Mitteleuropas und am Rhein vom Bodensee bis in die Kölner Bucht. Lediglich mit schwerem Schnee kommt sie schlecht zurecht, da die langen Nadeln den Schnee gut halten und es deshalb leicht zu Schneebruch kommt. Die Samen der Pinie werden gerne in der mediterranen Küche verwendet, und so hat man mit der Pinie im Garten auch die Möglichkeit, eigene Pinienkerne zu ernten.

PALMEN

Tropisches Flair im modernen Garten

Wenn wir schon bei Symbolen des Südens und der Wärme sind, dann möchte ich gleich mit den Palmen fortfahren. Die bekannteste und im Handel auch als winterharte Palme angebotene Chinesische Hanfpalme (Trachycarpus fortunei) war vor wenigen Jahrzehnten noch für ganz Mitteleuropa ungeeignet und wäre in den meisten Wintern erfroren oder mit schweren Blattschäden dagestanden. Sinnvoll ist die Kultur der Hanfpalme im Freien aber nur, wenn die Temperaturen kaum unter −12 °C gehen. Zwar können die exotischen Pflanzen Fröste bis rund −17 °C überleben, brauchen dann aber viel Energie, um die erfrorenen Wedel wieder ersetzen zu können. Auch hier hat sich in den letzten Jahren gezeigt, dass die Palmen in milden Regionen an geschützter Stelle, zum Beispiel vor einer Hausmauer, auch ohne Schutz den Winter gut überdauern können. Ich habe selber schon vor vielen Jahren Hanfpalmen ausgepflanzt und immer wieder damit experimentiert. Schlechte Erfahrungen habe ich damit gemacht, die Wedel aufzubinden und mit Vlies zu schützen. Da ist es noch besser die Pflanzen ganz ungeschützt stehen zu lassen. Je besser etabliert die Pflanzen sind, umso

Linke Seite: Die Chinesische Hanfpalme (Trachycarpus fortunei) sieht man immer häufiger in Gärten, obwohl sie nicht die härteste aller Palmen ist. Unter –15 °C und bei Dauerfrost können die Pflanzen absterben. Rechts: die männliche Blüte der zweihäusigen Palmengattung Trachycarpus

besser überleben sie den Winter. Auf jeden Fall muss man sie vor kalten und austrocknenden Winterwinden schützen. Dem Winterschutz der Palmen habe ich in diesem Buch ein eigenes Kapitel gewidmet. In den letzten Jahren wurde in Internetforen viel über die angeblich noch härtere Kumaon-Hanfpalme (Trachycarpus takil) diskutiert. Nachdem viele Pflanzen vermeintlich als Trachycarpus takil in den Verkauf kamen, fehlen noch ausreichende und langjährige Erfahrungen, einen Tick frosthärter könnte sie ab einer gewissen Größe aber schon sein. Härter als die Hanfpalme ist die Zwergpalmettopalme (Sabal minor), die bis rund –20 °C ohne Schutz aushält. Allerdings bekommt sie keinen oberirdischen Stamm und wächst noch dazu sehr langsam. Da sie aus Wäldern im Südosten der USA stammt, braucht sie viel Wärme und Feuchtigkeit. Sie gedeiht von Natur aus eher im Halbschatten. Als Alternative kann man die selten erhältliche Brazoria-Sabalpalme (Sabal brazoriensis oder Sabal x texensis) pflanzen, die ähnlich hart ist, aber auch einen Stamm bildet. Nachdem in unserem Klima das Wachstum sehr langsam vor sich geht, wird es nicht jedem vergönnt sein, den Stamm während seiner irdischen Gärtnerexistenz auch wirklich zu Gesicht zu bekommen. Als letzte bei uns ohne aktiven Winterschutz zu kultivierende Palme ist die Nadelpalme (Rhapidophyllum hystrix), die ebenfalls aus den Südstaaten der USA stammt, zu nennen. Diese Palme bildet einen kurzen Stamm aus, der mit wehrhaften Stacheln besetzt ist. Auch hier ist das Wachstum sehr langsam, und Feuchtigkeit und Schatten sind ein Muss für die erfolgreiche Kultur. Wenn man Exemplare dieser Palme ersteht, muss man in den ersten Standjahren auch bei nur mäßigen Frösten mit Schäden rechnen, da sie einige Zeit braucht, um sich zu akklimatisieren. Einmal etabliert, überlebt sie aber auch Fröste bis an die –20 °C. Am besten versieht man die Palmen zumindest in den ersten beiden Standjahren mit einem aktiven Winterschutz, den man nach erfolgreichem Anwachsen weglassen kann. Wer in einem milden Klima lebt, dem würde ich die Hanfpalme als Einstiegsexoten empfehlen. Mittlerweile bekommt man sie auch schon sehr günstig in fast jedem Bauhaus und den meisten Gärtnereien. Innerstädtische Lagen und Innenhöfe in Wien sind hervorragende Standorte, und man wird hier mit der Auspflanzung die besten Erfolge erzielen. In Deutschland gibt es jahrzehntealte Exemplare in Bonn, aber auch in Köln, Düsseldorf und Frankfurt haben Hanfpalmen an geschützten Standorten die letzten kalten Winter überlebt. Viel weniger Probleme machen Hanfpalmen in der Schweiz. In Basel, Zürich und an vielen Seen findet man zahlreiche stattliche Trachycarpus erfolgreich ausgepflanzt.

PRACHTKERZEN, GAURAS
GAURA LINDHEIMERI

Steppenblüher aus dem Grenzgebiet zwischen USA und Mexiko

Was wären aber alle die imposanten geometrischen Formen von Zypressen, Zedern, Pinien und Palmen ohne bunte Blühpflanzen und die ständige jahreszeitliche Veränderung der Blühabfolgen und somit der Farben im Garten? Der Garten ist jeden Tag anders, und je deutlicher man diese Veränderungen sieht, umso intensiver wird er als Erlebnis wahrgenommen. Gauras blühen zwar sehr lange hindurch und erfreuen uns den ganzen Sommer bis in den Herbst hinein, je nach Sorte verändern sie aber ihre Wuchsform, und die Blütenkerzen werden kontinuierlich immer höher und tänzeln folglich beinah schwerelos in der leichtesten Sommerbrise. Obwohl Gauras nicht vollständig winterhart sind, haben sie den Einzug in unsere Gärten schon längst geschafft, und es kommt in der Gartenkultur kaum zu Ausfällen. Denn dort, wo es wirklich kalt ist, schützt die Pflanzen meist eine Schneedecke vor dem Erfrieren. Sollte doch einmal eine Gaura nach einem Kahlfrost eingehen, kann man sie im Frühjahr leicht wieder ersetzen. Am besten wachsen Gauras im Schotter oder zumindest in einem Boden, der mit Schotter oder Kies abgemagert wird. Es gibt Blühfarben von weiß über rosa bis rot und sogar Sorten mit panaschierten Blättern. Am besten gefallen mir Gauras, die weiß und rosa blühen und eher filigran und hoch wachsen. Dann kann man sie nämlich besonders gut mit anderen Pflanzen kombinieren, über denen sie ihre zarten Blüten schweben lassen können. Gut gefällt mir die Kombination mit blau blühenden Sommerblühern wie Russischem Salbei (Perovskia), Wüstensalbei (Salvia greggii) oder Steppensalbei (Salvia nemorosa). Auch blau blühende Duftnesseln (Agastache) und gelbe Blüher wie Schafgarbe (Achillea) oder Mädchenauge (Coreopsis) passen gut zu Gauras. Da kann sich jeder Gartenbesitzer kreativ austoben. Man sollte nur darauf achten, dass man ebenso freudige Dauerblüher dazupflanzt, damit sich das gemeinsame Blütenfeuerwerk über mehrere Wochen hinausstreckt.

Detailansicht der Blüte von Gaura lindheimeri

Links: Rot und blau blühende Wüstensalbei-Arten (Salvia greggii) im Schotterbeet.
Rechts: Schwertlilie (Iris germanica „Queen for a Day")

WÜSTENSALBEI (SALVIA GREGGII)

Wasser sparen mit den richtigen Pflanzen: Von den Wüstensalbei-Arten werden immer mehr Arten für den Ziergarten gezüchtet Salvia x jamensis „Sierra San Antonio" blüht unermüdlich, ohne jemals gegossen werden zu müssen.

Heilpflanzen der Indianer Nordamerikas

Bis jetzt wurden die bei uns noch weitgehend unbekannten Pflanzen umgangssprachlich als Herbst- und Bergsalbei bezeichnet. Beide Namen sind für Europa völlig unzutreffend, und nachdem die Pflanzen aus Wüstenregionen stammen und schon im Frühsommer blühen, habe ich sie in diesem Buch mit einem neuen deutschen Namen versehen. Die aus den Wüsten der USA und Mexikos stammenden Wüstensalbeiarten (Salvia greggii und Salvia microphylla) erleben derzeit weltweit einen Hype, da es in vielen Erdteilen wichtig geworden ist, Blühpflanzen zu finden, die ohne ständige Bewässerung auskommen. In Kalifornien mussten ja aufgrund von Wassermangel in den letzten Jahren gartengestalterische Maßnahmen gesetzt werden, damit die Gärten trotz Bewässerungsverboten attraktiv bleiben. So haben sich viele Gartenbesitzer mit vertrockneten Rasen anfreunden müssen, und es wurden statt aufwändig zu bewässernder Blumenrabatten vermehrt Agaven, Kakteen und Yuccas in privaten Gärten gepflanzt. Als Begleit- und Blühpflanzen wurden Bartfaden (Penstemon) und Salvia greggii als heimische und robuste Pflanzen eingesetzt. Von Salvia greggii und Salvia microphylla gibt es nicht nur eine große Menge an natürlichen Arten, sondern es wurden in der jüngeren Vergangenheit auch viele Hybriden gezüchtet. So hat sich das Blühspektrum, das im Handel erhältlich ist, von ausschließlich rosa, rot und lila auf zusätzlich gelb, blau und alle Abstufungen von Rottönen erweitert. Einige Wüstensalbeiarten haben auch nur sehr spät zu blühen begonnen, die neuen Sorten blühen allerdings vom Frühsommer bis in den Spätherbst hindurch und können hervorragend mit anderen Pflanzen kombiniert werden. Der einzige Nachteil ist die nur mäßige Winterhärte, die bei rund −15 °C liegt. Nachdem die Pflanzen aber sehr leicht über Stecklinge vermehrt werden können, kann man im Spätsommer zur Sicherheit ein paar Topfpflanzen ziehen, die man dann an kühler Stelle überwintert und im nächsten Frühjahr nach Bedarf wieder nachpflanzt. Besonders im steinigen und schottrigen Boden wachsen diese Salbeiarten besonders schnell. Nicht nur Blüte und üppiger Wuchs machen diese Blüher zu perfekten Vorgartenpflanzen, sie verströmen auch einen herrlichen Duft und dienten den Eingeborenen Nordamerikas als Heilpflanzen für verschiedene Gesundheitsprobleme. Der Standort muss allerdings unbedingt sonnig sein, auch heiße Ecken und unwirtliche Steilhänge können erfolgreich mit Salvia greggii und Salvia microphylla bepflanzt werden.

Die vielfältige Glockenblume aus den trockenen Regionen Nordamerikas

Wie schon im vorigen Absatz erwähnt, gehört auch der Bartfaden aus Nordamerika zu den neu entdeckten Gartenpflanzen für Europa. Die Gründe des Erfolgs sind in etwa die gleichen wie beim Wüstensalbei. Man kann mit diesen Blühern naturnahe Beete gestalten, die wenig laufende Pflege brauchen. Auch Penstemon blüht meist den ganzen Sommer hindurch. Sofern man ihn in reichlich Schotter pflanzt,

BARTFADEN *PENSTEMON*

ist er auch standfest und wächst üppig mit einer reichen Blüte. Die Sortenauswahl und die Blühfarben scheinen fast endlos. Diese Vielfalt lässt sich mit den vielen natürlichen Formen, die über die ariden Gebiete Nordamerikas verteilt in gelb, blau und rot blühen, erklären. Es wurden bei diesen beliebten Stauden aber natürlich auch viele Hybriden gezüchtet, die das Sortiment wahrlich enorm machen. Dabei sind nicht nur Blühfarben und Blühformen sehr unterschiedlich, sondern auch bei den Blättern gibt es von silbrig bis dunkelgrün und von nadelförmig bis breitblättrig alles, was man sich vorstellen kann. Auch viele Gärtnereien bieten mittlerweile Penstemon im Sortiment an, weil er doch im Vergleich zu Salvia greggii meist ausreichend winterhart und in der Kultur einfach ist, solange man den richtigen Standort und Boden wählt. Dabei ist wieder auf einen sonnigen Standort und steiniges Substrat zu achten, Bewässerung ist nur ab und zu bei extremer Trockenheit notwendig, weil man damit die Blühzeit verlängert. In Nordamerika wächst der Bartfaden häufig zwischen Agaven, Kakteen und Yuccas und ist daher auch die ideale Begleitpflanze für diese exotischen Pflanzen.

Links: Penstemon „Windsor Red" ist nur eine der vielen Gartenformen, die am besten im Schottter in voller Sonne gepflanzt werden.

Oben: Die Duftnessel (Agastache barbieri „Firebird") muss unbedingt in sehr durchlässiger Erde gepflanzt werden. Auch hier ist Schotter, mit etwas sandiger Erde untergemischt, die beste Wahl.

DUFTNESSEL *AGASTACHE*

Aromatische Duftpflanzen aus den trockenen Prärien Nordamerikas

Auch Agastachen wachsen unter vergleichbaren Bedingungen wie Wüstensalbei und Penstemon. Ihre Blätter verströmen besonders bei heißem Wetter einen betörenden Duft. Auch sie sind Pflanzen der heiß-trockenen Gebiete Nordamerikas und wurden von den Ureinwohnern als Heilpflanzen verwendet. Es wird ihnen eine entzündungshemmende und verdauungsfördernde Wirkung nachgesagt. Ich tat mir mit der Kultur im sandigen und nährstoffreichen Boden immer sehr schwer. Obwohl mir die Duftnesseln immer sehr gut gefallen haben, sind sie meist von Jahr zu Jahr immer weniger geworden und dann völlig verschwunden. Erst seit ich sie direkt in den Schotter pflanze, werden sie zu riesigen Exemplaren, die unermüdlich blühen und sich auch willig weiter vermehren. Sie brauchen bei normalem Witterungsverlauf keine Bewässerung und erfreuen uns auch den gesamten Sommer hindurch bis spät in den Herbst hinein mit einer reichen Blüte.

Gemeinsam mit Penstemon und Wüstensalbei sind sie eine besonders wertvolle Bienenweide, und das über einen ungewöhnlich langen Zeitraum hindurch. Es ist faszinierend, wie viele Wildtiere von den Blüten angezogen werden und Nektar saugen. Auch bei dieser Pflanze ist das Farbspektrum der Blüten ein sehr vielfältiges. Von gelb über rot bis blau ist alles möglich. Fast alle Arten stammen aus Wüstengebieten und sind deswegen in der Kultur sehr einfach, gießen ist kaum nötig. Bei extremer Hitze und Trockenheit reichen Wassergaben alle zwei Wochen aus. Somit ist dies eine Pflanze der Zukunft für mich, die auch bei Rabattenpflanzungen entlang von Straßen oder innerstädtisch und in Vorgärten eingesetzt werden kann, solange man ihr ausreichend Kies oder Schotter im Boden gönnt.

STEPPENSALBEI *SALVIA NEMOROSA*

Der blaue Star der pannonischen Steppe

Nachdem ich so viel über nordamerikanische Wüstenpflanzen geschrieben habe, möchte ich auch ein heimisches Gewächs erwähnen, das noch viel zu wenig in unseren Gärten verwendet wird, obwohl es auch sehr trockenheitsverträglich ist. Steppensalbei wächst von Natur aus vom Wiener Becken aus Richtung Osten im gesamten pannonischen Raum und ist ein typisches eurasisches Steppenelement. Anders als der Wüstensalbei wächst der Steppensalbei gut in sandigem Boden. Es gibt mittlerweile einige Auslesen, die im Gartenhandel erhältlich sind. Von Natur aus blau blühend, gibt es ihn auch in rosarot und weiß blühenden Formen. Besonders interessant ist Salvia nemorosa „Schwellenburg", der in violettroten aufrechten breiten Ähren blüht. Die Naturform hat ja aufrechte schmale violett-blaue Blütenkerzen. Ich selber habe den Steppensalbei als Samen in den Wiesen des Seewinkels gesammelt. Hier wächst er auch an unwirtlichen Straßendämmen und überall, wo wenig gemäht wird. In der Blumenwiese hat er sich mittlerweile gut ausbreiten können. Um eine zweite Blüte im Spätsommer zu garantieren, mähe ich am Ende der ersten Blütezeit zwischen Mitte Juni und Anfang Juli die Wiese ab. Das Mähen ist auch wichtig, damit der Salbei sich gegen das Gras erfolgreich durchsetzen kann. Je karger der Boden, umso schlechter sind die Wachstumsbedingungen der Gräser, und dann bleibt der Steppensalbei erfolgreich. Das fröhliche Blau des Steppensalbeis ist gerade im Hochsommer ein optischer Genuss, weil vieles schon blühfaul geworden oder einfach verblüht ist. Auch in der Rabatte und im Schotterbeet wächst Salvia nemorosa gut und kann mit vielen anderen Stauden kombiniert werden. Gut passt er zu nordamerikanischen Präriepflanzen wie Rudbeckien, Coreopsis und Echinacea. Auch für die Unterpflanzung von Rosen ist er gut geeignet, selbst wenn man das derzeit noch kaum wo sehen kann.

Die Schwertlilie Iris germanica „Crimson Tiger" ist eine der unzähligen Neuzüchtungen.

SCHWERTLILIE *IRIS GERMANICA*

Mittlerweile gibt es endlos viele Züchtungen mit allen Farbkombinationen, sodass Sammler scheinbar unbegrenzt ihre Gärten mit den verschiedensten Hybriden vollpflanzen können. Es gibt sogar remontierende Sorten, also solche, die nach dem Frühjahr noch einmal blühen. Für mich ist die Schwertlilie aus dem Grund im Garten so wichtig, weil sie im späten Frühling wunderbare Farbakzente setzt und ihre Blütenform einfach paradiesisch wirkt. In sandigen nährstoffreichen Böden oder im Schotter an nicht zu trockener Stelle gepflanzt, entwickeln sich über die Jahre große Horste, die wenig Arbeit und viel Freude machen. Wichtig ist, dass man von Anfang an Farben und Größen wählt, die miteinander harmonieren, denn man kann sie jahrzehntelang an einem Platz stehen lassen, ohne dass sie besondere Aufmerksamkeit brauchen. Neue Sorten blühen besonders dicht und sitzen an nicht allzu langen Stielen, die im Sturm kaum umkippen. Auch die Farbkombinationen werden immer gewagter, und oft findet man drei Farben in einer Blüte. Bei der Pflanzung muss man darauf achten, die Rhizome nicht unter die Erde zu pflanzen, da sie dann verfaulen können. Die verdickten Rhizome wachsen von Natur aus an der Erdoberfläche kriechend und dienen als Speicherorgan während der trockenen Sommermonate.

Eine prächtig blühende Europäerin!

Nach der trühen Blüte der heimischen Zwergschwertlilie (Iris pumila) im April folgen im Mai die mittelhohen Schwertlilien (Iris barbata-nana), fast nahtlos schließen die hohen Schwertlilien an. Diese Hybriden werden wissenschaftlich entweder als Iris barbata-elatior oder als Iris germanica bezeichnet.

RUTHENISCHE KUGELDISTEL
ECHINOPS RITRO VEITCH'S BLUE

Heimische Distel in herrlichem Blau

Die in Ostösterreich heimische Kugeldistel ist ein attraktiver Frühsommerblüher und hat zudem Blätter, die kaum stechen, was sie für den Ziergarten besonders wertvoll macht. In der Natur bewohnt die Kugeldistel Steppen und sonnige Felshänge. Die westlichste Verbreitung liegt in Niederösterreich, sie kommt ostwärts bis in die Steppen Zentralasiens vor. Bei mir im Garten wächst die Ruthenische Kugeldistel hervorragend in der sandigen, kalkhaltigen Erde. Mittlerweile schneide ich die Samenstände nach der Blüte ab, da sich die Kugeldistel derart wohl bei mir fühlt, dass Jungpflanzen überall, auch in der Wiese keimen und schnell hochkommen. Die Auslese „Veitch's Blue" hat ein attraktiv leuchtendes Blau, aber auch die heimische Wildform (Echinops ritro ssp. ruthenicus) mit ihrer silbrig-blauen Blüte ist sehr attraktiv, wenn auch weit nicht so auffällig, außerdem hat sie stachligere Blätter. Die Kugeldistel wird bis zu einem Meter hoch und wächst in Horsten, die von Jahr zu Jahr größer werden. Echinops kann man gut mit anderen trockenheitsverträglichen Stauden kombinieren. Mir persönlich gefällt die Kombination mit intensiv gelb blühenden Pflanzen wie Mädchenaugen (Coreopsis) oder Sonnenaugen (Heliopsis), gut passen auch Stockrosen (Alcea), Oregano und Rud-

beckien, die alle ebenfalls zur selben Zeit blühen. Im Übrigen sollen der Kreativität jedes einzelnen Gartenbesitzers hier keine Grenzen gesetzt werden, man muss eben bei der Pflanzung nur beachten, welche Begleitpflanzen zur gleichen Zeit blühen, um den entsprechenden Farbeffekt auch wirklich zu bekommen. Auch die Kugeldisteln sind nicht nur anspruchslose und trockenheitsverträgliche Pflanzen, sondern ebenfalls wichtige Nektarlieferanten für heimische Insekten und Honigbienen.

PEROWSKIE *PEROVSKIA*

Der Süden Russlands erfreut uns im Sommer

Die Perowskie ist eine Gartenstaude bzw. ein Halbstrauch, der im Sommer mit hohen blauen Rispen blüht und silbrig-filigrane Blätter ähnlich einem Lavendel besitzt. Deswegen wird er umgangssprachlich auch manchmal Russischer Lavendel genannt. Seine Heimat sind die Steppen Zentralasiens, von Afghanistan bis China. Die bekannteste Sorte ist die Silber-Perowskie (Perovskia atriplicifolia „Blue Spire") weil sie den ganzen Sommer über schöne und lockere hohe Blütenrispen trägt. Getrieben von meiner Sammlersucht habe ich auch die Arten Fiederschnittige Perowskie (Perovskia abrotanoides) und Runzlige Perowskie (Perovskia scrophulariifolia) mit Erfolg ausprobiert. Letztere ist zwar nicht ganz so hoch, hat aber breitere, kegelförmige Blütenrispen, die eine ganz andere Wirkung erzielen und ebenfalls sehr auffällig sind. Mit fast zwei Metern Höhe gehört die Fiederschnittige Perowskie zu den größten der Gattung. Die Blüten sind in lockeren, bis zu vierzig Zentimeter langen Blütenrispen angeordnet. Perowskien lieben kalkreiche sandige oder steinige Böden mit viel Sonne und sind sehr trockenheitstolerant. Ein leichtes Zurückfrieren der letztjährigen Triebe ist völlig normal und wächst sich nach einem Rückschnitt der vertrockneten Teile in kürzester Zeit im Frühjahr wieder aus. Die aromatisch riechenden Pflanzen sind wertvolle Bienenweiden und kommen mit Hitze und Trockenheit problemlos zurecht. In Kombination mit den Wüstensalbeiarten (Salvia greggii) und Bartfäden (Penstemon) sind sie herrliche Spätsommerblüher für trockene und heiße Strandorte.

SCHMUCKLILIE *AGAPANTHUS*

Südafrikas beliebte Lilien

Die aus Afrika stammenden Schmucklilien sind vielen als Topfpflanzen bekannt. In alten Villen und Herrschaftshäusern stehen oft seit Jahrzehnten große Töpfe mit Schmucklilien. Aber auch hier gibt es ein Reihe von winterharten Sorten aus den Bergländern des südlichen Afrikas, die erfolgreich bei uns im Garten kultiviert werden können. In kälteren Regionen müssen allerdings auch sie mit Mulch abgedeckt werden.

Die weitaus besten Erfahrungen habe ich bisher mit Agapanthus africanus „Navy Blue" gemacht. Sie wächst bei mir exponiert im Schotterbeet und blüht trotz Hitze und Trockenheit im Sommer immer zuverlässig, ganz ohne Bewässerung. Alle Winter hat sie bisher ohne jeden Schutz problemlos geschafft. Auch die sehr hoch werdende Schmucklilie Agapanthus ssp. angustifolius hat bis jetzt alle Winter ohne Abdeckung überlebt. Wer also in einer kälteren Gegend wohnt, braucht die Pflanzen im Winter lediglich gut zu mulchen. Beide Arten verlieren ohnehin die Blätter während der winterlichen Ruheperiode und können daher dick zugedeckt werden. Auch Sorten, die ich ohne Namen bei holländischen Anbietern gekauft habe, sind bei mir gut durch die Winter gekommen. Schmucklilien wollen zwar nährstoffreiche Böden, aber eine Durchmischung oder oberflächliche Abdeckung mit grobem Schotter fördert das Wachstum und unterdrückt den Konkurrenzdruck durch andere Pflanzen.

Agapanthus „Navy Blue" ist mit Abdeckung gut winterhart und wächst im Schotterbeet zusammen mit Yuccas und Wüstensalbeiarten.

PHLOX

Eine Sammlerpflanze aus Europa und Russland

„Das Leben ohne Phlox ist ein Irrtum", sagte schon im letzten Jahrhundert der berühmte Staudengärtner, Pflanzenzüchter und Garten-Schriftsteller Karl Foerster. Mich hat Phlox schon im Kindesalter in seinen Bann gezogen. Leider sind einige Sorten nicht sehr trockenheitsverträglich und hitzefest. Pflanzt man sie aber in den Schatten oder Halbschatten und gibt ihnen während der trockenen Monate regelmäßig Wasser, kann man wohl überall in Mitteleuropa Phloxe kultivieren. Alte deutsche Sorten, die von Karl Foerster selektiert wurden, haben bei mir Trockenheit und Hitze am besten gemeistert. In letzter Zeit kamen über eine Spezialgärtnerei auch bisher völlig unbekannte Sorten aus Russland zu uns. Einige sind von der Farbe her eher blass und zurückhaltend, bringen aber ganz neue Farbtöne in unsere Sortimente, und wenn man die Farben richtig kombiniert, können so wunderbare Blütenarrangements entstehen. Nach meinen ersten Erfahrungen sind die russischen Phloxe nicht unbedingt trockenheits- oder hitzetoleranter; ich muss die neuen Sorten aber noch einige Jahre weiter beobachten, um zu sehen, wie sich die etablierten Pflanzen entwickeln werden und auf extreme Witterung reagieren. Die Auswahl ist jedenfalls überwältigend, und es gibt nicht nur eine breite Farbpalette an Phloxen, sondern auch viele interessante Blütenzeichnungen und Kuriositäten. Ich war mir etwas unschlüssig, ob ich den Phlox hier als Pflanze der Zukunft vorstellen soll, weil er mit zunehmender Klimaveränderung vielleicht nur noch mit großem Aufwand zu kultivieren ist. Ich habe dann einfach vom Herzen her entschieden, denn es geht mir da wie Karl Foerster: Ohne Phlox kann ich mir das Gartenleben einfach nicht vorstellen.

Bild 1: Phlox paniculata „Ostinato"
Bild 2: Phlox paniculata „Uralskie Skazy"
Bild 3: Phlox paniculata „Taras Schevtschenko"
Bild 4: Phlox paniculata „Graf Zeppelin"
Bild 5: Phlox paniculata „Peppermint Twist"
Bild 6: Phlox paniculata „Gzehl"

MÖNCHSPFEFFER *VITEX AGNUS-CASTUS*

Der prachtvolle Sommerblüher aus dem Süden Europas

Der Mönchspfeffer ist ein Strauch aus dem Mittelmeerraum, der im Hochsommer mit seinem kräftigen Blau die Blicke auf sich zieht. Weitgehend winterhart, braucht er warme und sonnige Sommer, um seine ganze Pracht entfalten zu können. Er ist trockenheitsresistent und sieht zusammen mit Granatapfelbäumen einfach umwerfend aus, denn das kräftig leuchtende Orangerot des Granatapfels ist in Kombination mit dem kräftig fröhlichen Blau des Mönchspfeffers ein Farberlebnis der besonderen Art – gerade im Sommer, wenn der Rasen oft verbrannt ist und wenige andere Gehölze blühen. Wenn sich der Mönchspfeffer wohl fühlt, kann er mit den Jahren mehrere Meter hoch werden. Außer der Naturform, die blau blüht, gibt es auch weiß und hellrosa blühende Mönchspfeffer. Außerhalb der sommerlichen Blütezeit zieren den Großstrauch seine Blätter, die an Hanf erinnern, und im Herbst seine Fruchtstände. Es sind ebendiese Früchte, die in der Heilkunde verwendet werden. Sie sollen bereits im Mittelalter Mönchen geholfen haben, ihre sexuelle Lust zu unterdrücken. Die Wirkungsweise als Heilpflanze ist je nach Dosierung und Anwendung differenzierter, trotzdem leitet sich der Name von seiner früheren Verwendung für Klosterbrüder ab. An den Boden stellt er keine hohen Ansprüche. Sandig oder steinig kann das Substrat sein, keinesfalls darf es Staunässe geben. Einmal angewurzelt, braucht er kaum Pflege. Ein Rückschnitt ist für eine reiche Blüte nicht nötig, selbst Halbschatten verträgt er, wenn die Blüte dann auch während der trockenen Monate nicht so reichlich ausfällt. Alles in allem ein Strauch, der viel zu wenig verwendet wird und auch an unwirtlichen Hängen als Straßenbegleitgrün geradezu prädestiniert wäre.

Bild links: Die Filzige Herbstanemone (Anemone tomentosa „Robustissima") blüht meist ab August schon reichlich und verträgt Trockenheit von allen Sorten am besten.
Bild rechts: Bläuling auf Glattblattaster (Aster novi-belgii)

FEIGE *FICUS CARICA*

Wichtige Kulturpflanze des Mittelmeerraums

Feigenbäume gibt es in Wien und dem Wiener Umland schon seit sehr langer Zeit. In sehr kalten Wintern sind sie auch in den mildesten Klimaten immer wieder abgefroren, auch wenn sie manchmal jahrzehntealt wurden. Nach solchen Extremwintern treiben die Pflanzen dann zwar als Büsche wieder aus, es dauert aber wieder einige Zeit, bis ausreichend Früchte gebildet werden. Vor dem Extremwinter von 1985, als die Temperaturen auch in Wien auf −20 °C sanken, gab es vor der Universität für Bodenkultur in Wien Feigenbäume mit mächtigen Stämmen. Leider ist von dieser Pracht heute nichts mehr zu erkennen. Sie sind zwar im Folgejahr aus den Wurzelstöcken ausgetrieben, bildeten aber nie wieder einen typischen Habitus aus.

In den letzten Jahrzehnten gibt es auch im Burgenland und an geschützten Plätzen in Niederösterreich und der Steiermark immer mehr Feigen zu sehen, die kaum noch zurückfrieren. Obwohl es Unterschiede zwischen den einzelnen Sorten gibt, ist auch hier wieder die magische Zahl 15 der limitierende Faktor. Als Faustregel wird es für Feigenbäume ab −15 °C wirklich kritisch; dann können erhebliche Schäden am Holz auftreten bzw. die Stämme ganz abfrieren. Feigenbäume sollten immer aus Stecklingen vermehrt werden, weil nur die Kulturformen ohne Befruchtung durch eine spezielle Gallwespe auch verlässlich Früchte bilden. Da dieses Insekt hierzulande noch nicht anzutreffen ist, hätte man nur reine Blattschmuckpflanzen im Garten. Fruchtfeigen tragen zumeist zweimal im Jahr. Wenn der Winter nicht allzu kalt war, gibt es ab dem Frühsommer Sommerfeigen und ab dem Spätsommer bis spät in den Herbst hinein Herbstfeigen. Meine Lieblingssorten sind „Brogiotto Nero", „Dalmatie" und „Longue d'Août", aber es gibt auch eine Vielzahl an anderen Sorten aus allen Teilen Südeuropas sowie aus Ungarn und Frankreich. Am erfolgreichsten ist die Kultur von Feigen vor einer Südmauer oder in einem Innenhof, der vor kalten Winden schützt. Außerhalb des Weinbauklimas wird es entlang der Donau, entlang des Rheins und am Seeufer größerer Seen, die im Winter nicht zufrieren, am ehesten gelingen, dass die Bäume nicht völlig abfrieren. Ansonsten ist der Feigenbaum sehr anspruchslos und wächst auch in kargem Boden sehr gut. An zu feuchten Stellen sollte er nicht gepflanzt werden. Meinen ersten Feigenbaum habe ich 2004 vor meinen Schuppen an die Südmauer gepflanzt. Mittlerweile ist er so groß und sein Stamm so dick, dass er alle meine Erwartungen übertroffen hat. Leider habe ich damals viele exotische Pflanzen ganz dicht vor die Südseite des Schuppens gepflanzt, weil hier die besten Bedingungen herrschten. So habe ich hier meine ersten Wüstenyuccas und Agaven ausprobiert – mit dem Ergebnis, dass diese sich heute als Schattenpflanzen unter dem Feigenbaum durchkämpfen müssen. Ich schneide zwar immer wieder Äste weg, damit noch Licht zu den Sukkulenten kommt, aber der Feigenbaum hat aufgrund seiner Größe einen Ausbreitungsdrang, der nur schwer im Zaum zu halten ist. Deswegen rate ich jedem, sich immer vor Augen zu führen, dass Feigenbäume mit der Zeit sehr viel Platz benötigen und gute Schattenspender werden.

OLIVE *OLEA EUROPEA*

Der Indikator für Mittelmeerklima

Für Oliven ist unser Klima derzeit schlicht und einfach noch zu kalt. Der limitierende Faktor sind lange Kaltlufteinbrüche und Temperaturen deutlich unter −10 °C. Ich habe über die Jahre viele Sorten ausprobiert: Die im Internet als besonders winterhart gelobte Sorte „Hojiblanca" aus Spanien kollabiert ab rund −13 °C genauso wie die meisten anderen Sorten im Handel. Das ist auch kein Wunder, denn wo Oliven wachsen, gehen die Temperaturen so gut wie nie unter −10 °C. Es gibt aber auch Sorten, die aus wesentlich kälteren Regionen stammen und strenge Fröste überdauern können. Die meisten der weit über tausend Sorten wurden bereits von den Römern selektiert, damit im gesamten römischen Reich diese wichtige Frucht verfügbar war. Leider sind einige Sorten, die Winterfeuchtigkeit und Kälte aushalten, nur sehr schwer zu bekommen. In Nordspanien gibt es versteckt in Bergwäldern jahrhundertealte Exemplare, die von Moosen überwachsen sind und im eigentlichen Mittelmeerklima schnell vertrocknen würden. Das zeigt uns, wie breit gefächert das Sortiment an Oliven ist und dass es da noch einige Überraschungen geben könnte, wenn man alte, selten verwendete Sorten wieder für die Kultur entdecken würde. Ich habe mich im benachbarten Italien erkundigt und einige Gärtnereien abgeklappert. Nachdem auch dort Winterkälte ein Thema ist, habe ich zumindest eine Sorte gefunden, die bei mir schon jahrelang im Freien ohne Schutz überlebt. Es ist dies die Sorte „Morchione", die im Extremwinter 1985 in der Toskana −20 °C überlebt hat. „Morchione" ist eine Varietät, die für die Ölgewinnung verwendet wird. Andere Sorten, die noch relativ hart sind, wären „Bianchera" (bis a. −14 °C) und „Leccino" (bis ca. −13 °C). Aber es gibt auch eine Fruchtolive, die überraschend hart ist (bis −18 °C), nämlich „Ascolana tenera" oder auch „Ascolano" genannt. Eine harte Sorte aus Spanien wäre „Cornicabra", die auch in den Bergen Zentralspaniens wächst. Aus Frankreich sollte die Sorte „Aglandou var. Crepiam" am härtesten sein, sie wächst an den niedrigen Berghängen der Alpen in der Provence. Wichtig zur erfolgreichen Kultur von Oliven ist zu wissen, dass sie sehr durchlässigen, steinigen, kargen Boden brauchen. Die meisten Pflanzen erfrieren bei uns auch in milden Wintern, weil sie in normale Gartenerde gepflanzt werden. Wer sich aber in Norditalien oder Slowenien umsieht, wird sehen, dass auch dort Olivenkulturen nur an kargen Hängen möglich waren. Erst seit kurzer Zeit findet man sie auch in Hausgärten in der Poebene, früher wären sie an diesen Standorten sicher auch erfroren. Ich habe wiederholt die Erfahrung gemacht, dass im Winter in feuchtem Erdreich genau am Bodenhorizont die Rinde platzt und in der Folge der ganze Baum abstirbt. Meine neuen Oliven habe ich auf einen eigenen Ölberg gepflanzt. Auch da habe ich groben Schotter aufschütten lassen, wenig Erde untergemengt und unter den Oliven trockenheitsverträgliche Pflanzen wie Wüstensalbei, Gaura, Agastache und Perovskia gepflanzt. Das Ergebnis kann sich sehen lassen, aber wie viele Winter das Projekt gut gehen wird, muss noch abgewartet werden. Wer allerdings einen Olivenbaum ohne genaue Sortenbezeichnung kauft, kann nicht davon ausgehen, dass dieser selbst in der mildesten Ecke nördlich der Alpen derzeit langfristig überleben kann. Aber wer weiß, was die Zukunft bringen wird.

GRANATAPFEL
PUNICA GRANATUM

Biblische Pflanze aus dem Nahen Osten

Dort, wo der Sommer heiß ist und der Herbst noch lange mild und somit das Holz ausreichend ausreifen kann, ist auch der Granatapfel winterhart. Einige der Fruchtsorten sind zwar weniger hart, aber Zierformen mit gefüllten Blüten in strahlendem Orange (Punica granatum „Rubra Plena") oder gefüllt blühend mit beigen Rändern (Punica granatum „Legrellei") sind im Weinbauklima gut winterhart, sobald sie ausreichend eingewurzelt sind. Als Standort sollte man den heißesten und sonnigsten Platz wählen, den man finden kann. Perfekt passt der Granatapfel vor eine südseitige Mauer. Je heißer und sonniger, umso mehr Blüten und Früchte gibt es. Ich habe gemischte Erfahrungen mit den Fruchtsorten gemacht. Wenn die Pflanzen noch nicht etabliert und an unser Klima gewöhnt waren, sind sie mir im Winter gar nicht so selten bodeneben abgefroren. Die Pflanzen regenerieren sich dann zwar von unten wieder, aber anstatt eines Baumes hat man dann einen Strauch, der so stark austreibt, dass es im folgenden Winter wieder passieren kann, dass er abfriert, weil die sogenannten „Wassertriebe" nicht ausreichend und schnell genug vor dem Winter verholzen. Das ist mir mit einer Fruchtsorte aus Spanien passiert, „Mollar de Elche". Erst nach Jahren ist diese Sorte endlich ausreichend abgehärtet. Viel härter als eine Feige sind diese Fruchtsorten aber nicht, was bedeutet, dass sie bei Temperaturen unter –15 °C auch stark ins Holz frieren oder eben auch der ganze Stamm abfrieren kann. Granatapfelsorten aus dem Südosten Europas oder Zentralasiens sowie die zuvor genannten Zierformen sind aber zumindest im Weinbauklima gut hart und können viel tiefere Temperaturen überleben. Dabei habe ich allerdings nicht die Erfahrung gemacht, dass es eklatante Unterschiede zwischen den Sorten gibt. „Almaty" aus Kasachstan hat sich nicht wirklich härter gezeigt als italienische Zierformen oder Fruchtformen aus dem östlichen Mittelmeerraum. Es ist eben in erster Linie die Anpassung und Etablierung der Pflanzen an die neuen Verhältnisse und ein Klima mit langen und heißen Sommern ausschlaggebend für die erfolgreiche Kultur. Kurioserweise gibt es auch eine weiß gefüllt blühende Zierform (Punica granatum „Alba"), die aber leider nicht so reich blüht wie die orangerot gefüllt blühenden Sorten. Bei mir tragen die Fruchtformen jedes Jahr Früchte, die ich dann zum Teil den Winter über als Schmuck auf den Bäumen lasse. Wenn die verdörrten Früchte auf den Boden purzeln, verteilen sich überall die Samen, und mittlerweile keimen bei mir überall kleine Granatäpfelbäume. Bei dieser Pflanze sehe ich großes Potenzial für die Zukunft; Bewässerung ist keine nötig, Hitze wird bestens vertragen, und ein gesundes Obst ist es noch dazu.

Bild oben: Gefüllter Granatapfelbaum (Punica granatum „Rubra Plena")
Bild rechts: Jedes Jahr reifen bei mir im Garten die Granatäpfel im November, und wenn sie im Winter auf den Boden kullern, keimen sie oft im darauffolgenden Jahr wild im Garten.

KAKI *DIOSPYROS KAKI*

Eine ostasiatische Köstlichkeit

Kakibäume sind in den mildesten Regionen Österreichs problemlos winterhart und reifen hier auch bis November aus. In Deutschland kann man sie nur in milden Lagen pflanzen, im Norden reichen die Sommertemperaturen für eine erfolgreiche Kultur nicht aus. Im Winter besteht bis −18 °C keine Gefahr, dass die Bäume zurückfrieren. Es gibt aber auch Sorten, die tiefere Temperaturen überstehen. Eine seit siebzig Jahren in der Steiermark kultivierte Art wird im Handel als „Steiermark-Kaki" tituliert. Aber auch Sorten aus Korea und Japan sollen bis unter −20 °C aushalten, zum Beispiel „Korea", „Kostata", „Hirotanenashi" oder „Dunaji" aus der Slowakei. Ich selber habe den ersten Kakibaum der Sorte „Tipo" 2004 ausgepflanzt. Er war nie im Winter geschützt und ist mittlerweile ein stattlicher Baum von mehreren Metern Höhe geworden. Ein großer Vorteil des Kakibaums ist, dass er keine Bewässerung braucht und mit Trockenheit überraschend gut zurechtkommt, weil er eine tiefe Pfahlwurzel ausbildet. Den Sommer über ist er mit seinen dunkelgrünen vitalen Blättern ein herrlicher Schattenbaum. Später im Jahr beglückt er uns mit einer sensationellen Herbstfärbung, und wenn die Blätter abgefallen sind, leuchten die orangen Früchte bis in den Dezember hinein und erhellen jeden grauen Spätherbsttag im Garten. Erst wenn die Früchte überreif sind, kann man sie auch essen, davor sind sie adstringierend, das heißt es zieht einem beim Reinbeißen mitunter das Zahnfleisch hinter die Ohren. Reife Kakis sind allerdings eine Delikatesse, die süßen, weichen, saftigen Früchte sollen auch besonders gesund sein. Sobald der erste Herbstfrost auf die Früchte einwirkt, werden sie schlagartig reif und süß, sind dann aber leider nicht mehr lange haltbar. Der Kakibaum wird sicherlich zu den Gewinnern der Klimaerwärmung zählen: Die heißeren Sommer gewährleisten ein besseres Ausreifen der Früchte, und die Resistenz gegenüber Trockenheit ist enorm. Mittlerweile sind viele Sorten auf dem Markt, einige davon – wie etwa „Sharon" aus Israel – sind schon im harten Zustand und mit der Schale essbar. Die Blüte ist relativ unscheinbar, aber trotzdem attraktiv. Erfolgreich ausgepflanzte Kakibäume gibt es schon seit Längerem in der Steiermark, in Niederösterreich und im Burgenland.

SEIDENSCHLAFBAUM
ALBIZIA JULIBRISSIN

Ein tropisch anmutender Baum aus Persien

Albizien gehören in unserem Klima zu den am tropischsten wirkenden Laubbäumen. Leider noch viel zu selten verwendet, sind die aus Persien stammenden wärmeliebenden Bäume Überlebenskünstler bei Hitze und Trockenheit. Als Alleebäume gepflanzt, verleihen sie einer ganzen Straße zur Blütezeit ein Flair, das einen ins tropische Afrika versetzt. Albizia julibrissin „Ombrella" erinnert zudem vom Habitus her an afrikanische Affenbrotbäume oder Schirmakazien, und die duftenden roten Blüten ziehen die Blicke magisch an. Albizien sind im Weinbauklima problemlos, Temperaturen unter −20 °C sollten sie allerdings nicht ausgesetzt werden. Im Seewinkel im Burgenland sieht man Albizien mittlerweile häufig am Straßenrand und in Privatgärten. Die Gemeinde Gols hatte vor ihrer Neugestaltung auf der Hauptstraße eine Allee mit vielen Albizien. Leider hat man diese nach der Umgestaltung fast alle entfernt und durch eine eintönige Ahornallee ersetzt. Auch im östlichen Niederösterreich werden die exotisch wirkenden Albizien immer bekannter und beliebter. Den deutschen Namen Schlafbaum hat sie sich wegen ihrer Eigenschaft, die Blätter nachts zusammenzuklappen und abzusenken, eingehandelt. Die Bäume sind nur für milde Regionen geeignet, wo das Holz auch im Herbst ausreichend ausreifen kann, ansonsten ist die Winterhärte vermindert. Es gibt zahlreiche winterharte Sorten, die von fast weiß über rosa bis rot blühen. Seit einigen Jahren wird auch die rotblättrige Sorte „Summer Chocolate" im Handel angeboten, von der ich aber aufgrund mangelnder Winterhärte abraten muss. Die feinen Fiederblätter der Albizia bewegen sich mit jedem Windstoff graziös und wellenförmig, sodass alleine die Blätter schon einen hohen Zierwert haben. Die Blüten, die wie rosa Puderquasten aussehen, toppen die attraktiven Blätter noch. Im heißen Klima ist die Albizia ein Frühsommerblüher, im eher kühleren Klima ein Hochsommerblüher, den im Herbst schöne Samenschoten zieren. Bei ausreichend Wasser und Wärme wächst die Albizia schnell von einer kleinen Pflanze zu einem ansehnlichen Baum heran. Einmal tief eingewurzelt, braucht er auch in den heißesten Perioden keine zusätzlichen Wassergaben. Für den Osten Österreichs sicher auch ein Baum der Zukunft.

BAMBUS

Das Futter der Pandas aus China

Bambus ist ein Riesengras, das von den Tropen bis in die gemäßigte Klimazone vorkommt. Die am größten werdenden Arten sind bei uns nicht winterhart, es gibt aber eine große Anzahl an ausreichend winterharten und attraktiven Sorten für unser Klima; einige aus den Hochlagen sind sogar für raues Klima geeignet. Durch Dauerfrost und starke Winde kann es in exponierten Lagen jedoch immer zu Schäden kommen. In milden Lagen, Innenhöfen oder im Stadtklima wird man im Winter kaum Schädigungen am Blatt beobachten können. Ich warne jeden Gartenbesitzer davor, den gleichen Fehler zu begehen, den ich gemacht habe: In meinem Frust nach den heiß-trockenen Jahren 2003 und 2004 habe ich den Bambus einfach ohne Rhizomsperre in den Garten gepflanzt. Das ging einige Jahre gut, und es ist tatsächlich so, dass die unterirdischen Rhizome sich bei Trockenheit kaum ausbreiten, weil diese einfach eintrocknen. Aber dann kam plötzlich der Sommerregen. Es war das Jahr, in dem sich jeder Sommerurlauber an der oberen Adria und in Kroatien über das ewige Schlechtwetter ärgerte. Ich machte Luftsprünge vor Freude, da sich nach Jahren der extremen Trockenheit und täglicher Bewässerungsmarathons endlich alle Bäume und Sträucher einwurzeln konnten. Es war die Rettung für mich. Der Garten konnte sich auch erst nach diesem verregneten Sommer so richtig entwickeln, davor war es ja nur ein Überlebenskampf. Aber plötzlich im Herbst sah ich einen Spross des Bambus im Brunnen und erschrak. Das war aber nur die Spitze des Eisbergs, das Problem hatte sich bereits wie ein verflochtenes Netzwerk auf weite Bereiche des Gartens ausgedehnt. Als dann in der Folge die Sprossen bis zu sieben Meter von der Mutterpflanze entfernt auftauchten, wurde aus dem Schreck schnell Panik. Sogar im Carport der Nachbarn wuchs Bambus! Was dann folgte, war eine wilde Umgrabungsaktion des gesamten vorderen Gartens. Am Ende konnte der Bambus zwar besiegt werden, aber nicht ohne dass meine Bandscheibe daran glauben musste. Seit diesem Erlebnis habe ich alle Bambushorste in professionellen Sperren eingeschlossen, die mit massivem Eisen zusammengehalten werden. Vorsicht! Wurzelsperren, wie man sie im Baumarkt bekommt, sind nicht ausreichend. Es muss ein spezielles Material für Bambus sein und mindestens sechzig Zentimeter in die Tiefe reichen. Meine Lieblingssorten sind Phyllostachys nigra (mit schwarzen Halmen), Phyllostachys vivax „Aureocaulis" (mein Favorit), Phyllostachys aureosulcata „Spectabilis" (mit Zick-Zack-Wuchs und farblich sehr attraktiven Halmen) und der sehr stark wuchernde Phyllostachys bissetii. Bambus ist nicht sehr trockenheitsverträglich und braucht in trockenen Sommern unbedingt Bewässerung. Im Frühsommer kann der Austrieb bei Trockenheit völlig ausfallen, deswegen muss man auch zu dem Zeitpunkt bei ausbleibenden Niederschlägen bewässern.

IMMERGRÜNE EICHE

Prächtige Bäume aus dem Süden Europas

Eichen gehören zu meinen Lieblingspflanzen, immergrüne Eichen zu meiner Leidenschaft. Die wunderschönen Blätter, die lange Lebensdauer und das wertvolle Holz machen Eichen zu beliebten Bäumen. Trotzdem sieht man sie im öffentlichen Raum selten. Überall pflanzt man Ahorn und Linde, wo doch beide Pflanzen zunehmend Probleme durch die Klimaerwärmung machen. Dabei gibt es hier besonders trockenheitsresistente und äußerst attraktive Arten, die fast unbekannt sind. Das ist wirklich schade und ich hoffe, dass sich das in Zukunft ändern wird. Dazu gehören die völlig winterharte Libanon-Eiche (Quercus libani) oder die vielleicht schönste sommergrüne Eiche, die Ungarische Eiche (Quercus frainetto) mit ihren riesigen, tief geschlitzten, dunkelgrün glänzenden Blättern oder die Pyrenäen-Eiche (Quercus pyrenaica) mit ebenso schön geschlitzten Blättern und ebenfalls hoher Winterhärte. Viel zu wenig Beachtung genießt auch die in ganz Südosteuropa heimische Zerreiche (Quercus cerris), die für Ostösterreich die erste Wahl sein sollte, wenn man naturnah gestalten möchte und ausreichend Platz hat. Noch viel weniger bekannt sind aber die immergrünen oder wintergrünen Eichen, die für unser Klima geeignet sind, wobei für

Linke Seite: Die immergrüne Kermes-Eiche (Quercus coccifera) ist gut winterhart und passt mit ihrem Zwergenwuchs auch in kleine Gärten.
Oben: Die Persische Eiche (Quercus macranthera) ist sommergrün und wächst in feuchtem Klima am besten.

die kälteren Regionen nur Quercus turneri „Pseudoturneri" empfohlen werden kann. Diese Eiche ist als Hybride in England vor über 200 Jahren entstanden und wurde aus Rückkreuzungen wieder für unsere Gärten verfügbar gemacht. Die Blätter bleiben den ganzen Winter hindurch grün und werden erst beim Neuaustrieb im Frühjahr abgeworfen. Die im Mittelmeerraum in der Natur vorkommende, bis weit in den Winter hinein grüne Portugiesische Eiche (Quercus faginea) ist leider hierzulande fast unbekannt. Dabei ist sie ausreichend winterhart, und ihre Blätter sind zwar klein, aber sehr attraktiv. Erst nach starken Frösten werden sie braun und fallen dann im Frühjahr vom Baum. Ich habe eine kleine Sämlingspflanze aus Spanien mitgenommen, die hierzulande bestens gedeiht. Nachdem die Portugiesische Eiche sogar im Botanischen Garten in Berlin wächst, ist sie wohl auch für die winterkalten Regionen Europas geeignet. Vielleicht ist ja jemand mutig genug und pflanzt sie mal als Straßenbaum. Derzeit ist das Problem aber eher, dass man sie in Österreich gar nicht bekommt, weil sie fälschlicherweise als nicht winterhart eingeschätzt wird. Die attraktivsten immergrünen Eichen sind meiner Meinung nach Hybriden aus der Korkeiche (Quercus suber) und der Zerreiche (Quercus cerris). Wissenschaftlich werden diese Hybriden Quercus x hispanica genannt. Die vielleicht älteste Sorte wurde schon vor über 250 Jahren in England selektiert und nennt sich im Zusatznamen „Lucombeana". Wenig später entstand „Fulhamensis", meine Lieblingssorte, weil sie besonders lange dunkelgrün bleibt und bei mir im Garten auch bei mäßigen Frösten keine braunen Blätter bekommt. Sehr schön ist die in Ungarn vom Grafen Ambrózy-Migazzi selektierte Sorte „Ambrozyana". Alleine die Herkunft der Mutterpflanzen aus winterkalten Regionen Ungarns zeigt, wie kälteverträglich diese Eichen sind, und wie schade es ist, dass sie weder in Gärten noch entlang von Straßen gepflanzt werden. Der Mythos, dass sie für unser Klima nicht geeignet wären, hat sich leider in den Köpfen der Gartengestalter zu Unrecht festgesetzt. Weitere immergrüne und halbimmergrüne Eichen, die allerdings nur für die mildesten Regionen geeignet sind, wären die Algerische Eiche (Quercus canariensis), die Korkeiche (Quercus suber) und die Steineiche (Quercus ilex). Korkeiche und Steineiche habe ich als Sämlinge vor rund zehn Jahren ausgepflanzt. Nur in ganz strengen Wintern sind sie etwas zurückgefroren, aber sie wachsen kräftig und entwickeln sich prächtig. Wer nur wenig Platz hat, kann die Kermes-Eiche (Quercus coccifera) in seinen Garten pflanzen. Besonders Herkünfte von der iberischen Halbinsel bleiben klein und werden kaum größer als zwei Meter. Die Relation der relativ großen Eicheln zu den winzigen immergrünen Blättern wirkt skurril und macht sich im Garten sehr gut. Die Winterhärte ist ausgezeichnet, ich konnte auch in den härtesten Wintern keine Schäden am Blatt beobachten. Eine Pflanze mit viel Zukunftspotenzial!

SUMPFEIBISCH
HIBISCUS MOSCHEUTOS

Rekordverdächtige Riesenblüten aus den feuchten Prärien Nordamerikas

Wer nährstoffreichen Boden hat und für ausreichend Wasser im Sommer sorgen kann, dem empfehle ich an sonniger Stelle den Sumpfeibisch. Viele Kulturformen, die im Handel erhältlich sind, haben Blüten so groß wie der Kopf eines Kindes. Es gibt aber auch neuere Züchtungen, wie Hibiscus newbiscus mauvelous, deren Blüten die Größe eines Erwachsenenkopfes erreichen. Die Blütenfarben reichen von weiß über rosa bis dunkelrot. Obwohl die Pflanzen voll winterhart sind, frieren von Natur aus die oberirdischen Teile bis zum Boden ab und treiben erst sehr spät, Ende Mai oder Juni, wieder aus. Umpflanzen oder Schädigung der Wurzeln, beispielsweise durch Wühlmäuse, führt zum Absterben der Pflanze, die ansonsten ganz problemlos jedes Jahr wieder zum Blühen kommt. Einzig ein heißer Sommer ist wichtig für die Blütenbildung, deswegen ist die Pflanze für alpine Lagen nicht geeignet. Ideal ist das Weinbauklima, wobei hier regelmäßiges Gießen wichtig ist. Wenn es feucht und warm genug ist, wird der Sumpfeibisch nach wenigen Jahren bis zu zwei Meter hoch. Im Vorgarten gepflanzt, versetzt er alle Nachbarn in Staunen. Gegen sommerliches Austrocknen hilft auch sehr gut eine Mulchung mit Kieselsteinen, das heißt man bedeckt einfach die obere, nährstoffreiche Erdschicht mit runden, fünf bis sieben Zentimeter großen Steinen. Die Heimat dieses Hochsommerblühers sind wechselfeuchte Wiesen und Sumpfgebiete in Nordamerika. Wenn man die Pflanzen zu gießen vergisst, sterben sie nicht ab, sondern blühen nur vermindert und werden nicht so groß. Ich habe einige Sumpfeibische aber auch schon ohne jegliches Gießen durch trockene Sommer gebracht.

Diese Wildform des Sumpfeibisch (Hibiscus moscheutos) stammt aus Samen, die ich mir vor langer Zeit aus Kanada habe schicken lassen.

FILZIGE HERBSTANEMONE
ANEMONE TOMENTOSA „ROBUSTISSIMA"

Die robuste Anemone aus China

Japan-Anemonen gehören für mich zu den attraktivsten Halbschatten- und Schattenblühern im Garten. Leider habe ich in trockenen Sommern schlechte Erfahrungen gemacht, und ohne ständige Bewässerung sind alle Sorten von Anemone hupehensis und Anemone japonica über einen längeren Zeitraum hin verschwunden. Die einzige Vertreterin aus der Gruppe der asiatischen Anemonen, die bei mir bis heute noch im Garten zu finden ist und sich durch Ausläufer willig ausbreitet, ist die Filzige Herbstanemone (Anemone tomentosa „Robustissima"). Diese herrliche

Sorte mit zartrosa bis leicht violetten Blüten ist gut zum Verwildern geeignet und kann unter größeren Sträuchern und Bäumen gepflanzt werden. Volle Sonne verträgt sie nur in feuchten Klimaten oder im maritimen Nordwesten Europas. Die lange Blütezeit beginnt bereits im Hochsommer und zieht sich bis weit in den Herbst hinein. Die Blütenstände können über einen Meter hoch werden, und die einzelnen rosaviolletten Blüten tänzeln erhaben über dem dunkelgrünen dekorativen Laub. Der Sortenname „Robustissima" ist nicht ohne Grund gewählt worden: Hitze, Trockenheit und eine breite Palette an Lebensräumen werden toleriert. Eine prachtvolle und unkomplizierte Staude, die in jeden Garten passt.

HERBSTASTERN

Ein bunter Ausklang für den Herbst!

„Ohne Astern, diesen brausenden Anziehungspunkt für Menschen und Insekten, ist der Herbst in einem der wichtigsten Punkte sang- und klanglos." schrieb schon der legendäre Pflanzenzüchter und Gartengestalter Karl Foerster. Wie recht er doch hatte mit diesem Zitat! Jedes Jahre freue ich mich über den bunten Ausklang des Herbstes mit einem wahren Feuerwerk an Farben. Einmal noch scheint sich die ganze Blühkraft im Garten aufzubäumen, um uns vor dem nahenden Winter zu zeigen, was alles möglich ist. Im weichen Herbstlicht wirken Asternblüten romantisch, wie auf einem antiken Gemälde gemalt. Dabei sind es gerade die hohen Sorten, die besonders eindrucksvoll wirken. Diese sind jedoch zur Zeit leider nicht in Mode und somit gar nicht so leicht zu bekommen. Bei den Herbstastern gibt es zwei große Gruppen, die leicht am Blatt zu unterscheiden sind: die Raublatt-Aster (Aster novae-angliae) und die Glattblatt-Aster (Aster novi-belgii). Sie sind zwar nicht die einzigen empfehlenswerten Herbstastern, aber sie haben beide eine gewaltige Auswahl an Sorten und decken ein sehr breites Farbspektrum von weiß über rosa, violett und rot bis blau ab. Sogar gefüllte Herbstastern gibt es. Astern sind zwar sehr trockenheitsverträglich, in niederschlagsarmen Jahren muss ich sie aber trotzdem gießen, damit sie überhaupt hochkommen. In sehr heißen Sommern kann die Blüte schon Ende Juli beginnen, wobei die Blüten dann allerdings in der Sonne verbrennen. Geht alles seinen normalen Weg, dann erscheint zwischen Mitte September und Mitte Oktober ein herbstliches Blütenmeer. Wenn man die Blütenstände bis zum Frühjahr stehen lässt, vermehren sich die Astern willig selber und können unter Umständen sogar wuchern und invasiv werden. Die einzelnen Stauden werden durch unterirdische Ausläufer rasch größer und verdrängen so andere Pflanzen. Deswegen habe ich jetzt eigene Bereiche im Garten definiert, wo die Astern hochkommen dürfen. Ich gehe auch vermehrt dazu über, die Samenstände noch im Herbst abzuschneiden, damit der Ausbreitungsdrang nicht allzu groß ist; ansonsten hat man in seinen Blumenbeeten bald nur noch Herbstastern, was dann den Sommer in diesen Bereichen natürlich langweilig macht. Das Positive an der Versamung im eigenen Garten ist, dass neue Sorten entstehen. Besonders die Glanzblatt-Aster kreuzt sich sehr willig, und so sind bei mir alle Schattierungen von weiß bis blau im eigenen Garten durch Versamung entstanden. Entstehen dabei weniger attraktive Sorten, kann man sie ja nach der Blüte ausgraben und entfernen. Man sollte bei der Gestaltung selber den Dirigentenstab in die Hand nehmen und die Farben nach dem eigenen Geschmack anordnen.

Links: Die Staudenpfingstrose (Paeonia lactiflora) hat früher in keinem Bauerngarten gefehlt. Viele Neuzüchtungen können unsere Gärten nachhaltig bereichern.
Rechts: Filzige Herbstanemone (Anemone tomentosa „Robustissima")

PFINGSTROSE
PAEONIA

Links: Fruchtstand der Baumpäonie Paeonia suffruticosa
Rechts: Wildform von Paeonia suffruticosa aus Ostasien

Traditionsblumen mit einer eindrucksvollen Artenvielfalt

Meist findet man hierzulande Staudenpfingstrosen (Paeonia lactiflora) oder Bauernpfingstrosen (Paeonia officinalis) in den Gärten. Die Strauch- oder Baumpäonie (Paeonia suffruticosa) aus Asien ist noch eher wenig in unseren Gärten zu bestaunen. Sie verholzt ihre Triebe und wird mit den Jahren ein schöner, ausladender Strauch mit spektakulärer Blüte im Frühjahr und prachtvoller Herbstfärbung zum Saisonende. Ich liebe alle Arten von Pfingstrosen. Zwar beeindruckt mich die Blüte der Baumpfingstrose sehr, aber das rasche Verblühen ist ein eindeutiger Nachteil dieser Gruppe. Trotzdem muss sie in den vielfältigen Garten, denn sie hat auch den Vorteil, dass die attraktiven Blätter sich im Herbst wunderschön verfärben. Staudenpfingstrosen blühen vergleichsweise wesentlich länger, sind aber außerhalb der Blütezeit weniger attraktiv. Einmal eingepflanzt, sollten sie nach Möglichkeit nicht mehr umgepflanzt werden, weil die Etablierung der Pflanzen mehrere Jahre dauert und sich eine reiche Blüte nur dann einstellt, wenn man sie jahrelang am gleichen Ort ungestört wachsen lässt. Alle bei uns angebotenen Arten sind ausreichend winterhart und benötigen einen durchlässigen nährstoffreichen Boden, der nicht zu stark austrocknen sollte. Nach der Blüte dürfen die Blätter der Staudenpfingstrose auf keinen Fall abgeschnitten werden. Sie brauchen wenig Pflege, und wenn man sie einfach wachsen lässt, werden sie von Jahr zu Jahr schöner und erfreuen uns jedes Jahr mit einer üppigeren Blüte.

PFRIEMENGINSTER
SPARTIUM JUNCEUM

Ein herrlich blühender Mittelmeerginster

Der Pfriemenginster ist ein attraktiver, hoch werdender Ginster aus dem Mittelmeerraum mit dicken fleischigen harten Trieben, der nur ganz kleine Blätter bildet, die dann schnell in der Sommerhitze wieder verlorengehen. Somit assimiliert der Pfriemenginster in erster Linie über seine grünen Triebe. Die Blütezeit ist verglichen mit anderen Ginsterarten viel länger, und die Blüten sind groß und haben ein auffallendes, leuchtendes Gelb. Für mich ist er mit Abstand der schönste Ginster, den es für den Garten gibt. Das Problem ist, dass der Pfriemenginster je nach Herkunft unterschiedlich winterhart ist. Es gibt aus dem westlichen Mittelmeerraum Pflanzen, deren Triebe schon ab −15 °C zurückfrieren, während es aus Kleinasien Pflanzen gibt, die auch Temperaturen unter −20 °C aushalten. Im Weinbauklima sollte er an sonniger und geschützter Stelle überall ausreichend hart sein. Trockenheit und Hitze stellen keinerlei Problem dar. Wo es ihm gefällt, sät er sich auch gerne selber aus und ist als Böschungspflanze an unwirtlichen heißen Hängen die beste Wahl. Wer einmal Samen des Pfriemenginsters irgendwo sammeln kann, kann sich diese Pflanze ganz einfach selber in Töpfen hochziehen. Kleine Pflanzen entwickeln sich ausgepflanzt sehr rasch, und man hat bald einen ansehnlichen Strauch im Garten.

TROCKENHEITS-
VERTRÄGLICHE BÄUME

Links: Der wohl weit über 250 Jahre alte Judasbaum (Cercis siliquastrum) im Innenhof des Universitätscampus auf dem Gelände des Alten AKH in Wien

Den meisten wird sicherlich in den letzten Jahren aufgefallen sein, dass immer mehr Bäume in Städten und entlang von Überlandstraßen schon ab dem Frühsommer Hitze- und Trockenheitsschäden aufweisen oder sogar völlig absterben. Deswegen möchte ich hier Bäume auflisten, die sich als ideale Alternativen anbieten und besser mit dem veränderten Klima zurechtkommen werden. Die vorgeschlagenen Bäume sind Zukunftspflanzen für größere Gärten und werden auch mit steigenden Temperaturen langfristig keine Probleme haben. Ich empfehle hier nur Gehölze, die entsprechend attraktiv sind und keine übermäßige Verschmutzung durch herabfallende Früchte oder Blüten verursachen. All diese Bäume wurden bereits in der Monarchiezeit in Wien gepflanzt, weil sie schon damals für das urbane Klima bestens geeignet erschienen. Außerdem hatte der Kaiser von Österreich ein Faible für exotisch wirkende Bäume und befahl sie überall dort zu pflanzen, wo es möglich war. In den Städten Südosteuropas gehören die hier angeführten Bäume heute zum Standardsortiment. Selbst im nahen Budapest findet man alle hier angeführten Bäume häufig. Sie gehören untrennbar zum Stadtbild dazu und machen weder in den heißesten Sommern noch in kalten Wintern schlapp.

JAPANISCHER SCHNURBAUM
SOPHORA JAPONICA

Dies ist ein großer stattlicher Baum mit attraktiver Blüte im Sommer. Die cremeweißen Blütenrispen erscheinen im Hochsommer und verwandeln sich im Herbst in auffällige Hülsenfrüchte. Sophora ist sehr trockenheitsverträglich und wächst auch in Steppen mit sandigen Böden. Der Baum erreicht Höhen von dreißig Meter und ist daher für kleine Gärten ungeeignet. Die ursprüngliche Heimat ist Japan, Korea und China. Für feuchtes Klima ist er nicht ideal, aber im pannonischen Klima Ostösterreichs, den kontinentalen Regionen Deutschlands und in ganz Südosteuropa wächst er problemlos zu herrlichen, exotisch wirkenden Exemplaren heran. Nicht zu verachten ist sein Nutzen als wertvolle Bienenweide. So kann er gerade auch als Straßenbaum den städtischen Imkern wertvollen Nektar liefern. Gewiss ein Baum, der Hitze und Trockenheit auch in Zukunft bestens meistern wird und schon als Jungpflanze mit trockenen Bedingungen gut zurechtkommt und leicht anwächst.

Paulownie zur Blütezeit

PAULOWNIE *PAULOWNIA TOMENTOSA*

Die Paulownie, auch Blauglockenbaum genannt, stammt ursprünglich aus Ostasien und wurde erst sehr spät im 19. Jahrhundert nach Europa eingeführt. Die Paulownie war der Lieblingsbaum Kaiser Franz Josephs, auf dessen Anweisung hin die Bäume im gesamten Bereich der Österreichisch-Ungarischen Monarchie gepflanzt wurden. Noch heute zieren viele gewaltige Paulownien Parks und Straßen in Wien. Entlang des Donaukanals stehen zum Beispiel einige Exemplare. Eindrucksvoll sind die riesigen aufrechten blauen Blütenkerzen, die noch vor dem Blattaustrieb den Baum schmücken. Es folgen dann herzförmige große, tropisch wirkende Blätter. Die Blätter werden bis zu 45 cm breit, der Fruchtstand ziert den Baum bis in den Winter hinein. Paulownien sind sehr trockenheitsverträglich, samen sich auch gerne selber aus und keimen sogar erfolgreich aus Mauerritzen. Die Jungpflanzen wachsen mit Rekordtempo, und manche Gärtner machen sich diese enormen Jahrestriebe mit den riesigen Blättern als tropische Akzente im Garten zunutze, indem sie die jungen Bäume wiederholt jedes Jahr bis auf den Erdboden abschneiden. Ich finde es schade, diesen Baum nicht hochwachsen zu lassen, aber seine stattlichen Dimensionen verlangen natürlich nach einem größeren Garten.

BLASENESCHE *KOELREUTERIA PANICULATA*

Wer im Juni in Wien unterwegs ist, sieht überall in den historischen Parks die reich blühenden Blaseneschen. Die gelben Blütenrispen erscheinen so zahlreich, dass mich die Massenblüte immer wieder an die Mimosenblüte Südfrankreichs erinnert. Auch dieser trockenheitsverträgliche Baum stammt ursprünglich aus China. Aus den Blüten bilden sich rasch Blasenfrüchte, denen der Baum seinen deutschen Namen verdankt. Die attraktive Blüte, die schönen gefiederten Blätter und der nicht allzu hohe Habitus machen ihn auch für Gärten als Zier- und Schattenbaum attraktiv. Meist bleiben die Bäume unter zehn Meter hoch und sind sowohl für Gärten als auch für Innenstadtlagen bestens geeignet.

JUDASBAUM *CERCIS SILIQUASTRUM*

Der aus dem Mittelmeerraum stammende Judasbaum wurde in Wien schon vor über 250 Jahren gepflanzt. Das vermutlich beinahe 300 Jahre alte Exemplar im alten AKH ist ein Naturdenkmal von seltener Schönheit. Leider hat man verabsäumt, diesen historischen Baum mit einer Umzäunung abzusichern, und so sind einige uralte waagrechte Äste durch spielende Kinder abgebrochen und haben den prachtvollen Habitus etwas abgeschwächt. Das Besondere am Judasbaum ist, dass er im Frühjahr noch unbeblättert direkt aus dem Stamm Blüten treibt. Eine Eigenschaft, die wir sonst nur von wenigen Gehölzen, wie zum Beispiel dem Kakao kennen. Warum der Judasbaum kaum als Straßenbaum anzutreffen ist, bleibt mir ein Rätsel: Die attraktive Blüte im Frühjahr, die gute Stadtverträglichkeit, die extreme Hitze- und Trockenheitsverträglichkeit und die attraktiven Blätter wären alles triftige Argumente für eine häufigere Verwendung. Der Judasbaum wächst relativ langsam und ist deshalb auch für kleinere Gärten eine hervorragende Wahl. Die schönen herzförmigen Blätter machen den Baum im Sommer überaus attraktiv, im Herbst färben sie sich leuchtend gelb. Die Samenschoten, die an älteren Zweigen und am Stamm erscheinen, zieren ihn in der Folge den ganzen Winter hindurch.

Samenstände von Cercis siliquastrum

PAPIERMAULBEERE *BROUSSONTIA PAPYRIFERA*

Die aus Asien stammende Papiermaulbeere ist ein zweihäusiger Baum, dessen Borke früher in China zur Papierherstellung verwendet wurde. Die attraktiven Sammelfrüchte und die behaarten herzförmigen Blätter machen ihn zu einem attraktiven Stadtbaum. In Gärten kann er im heißen Klima und bei tiefgründigen sandigen Böden durch Ausläufer invasiv werden. Deshalb habe ich meine Papiermaulbeere wieder aus dem Garten entfernt und dann noch jahrelang Wurzelbrut aus dem Rasen gestochen. Aufgrund seines raschen Wachstums ist er ein guter Schattenbaum, aber für kleinere Gärten nicht ideal. Im kühleren Klima wird dieser Baum langsam und kümmerlich wachsen, besser geeignet ist er für sommerwarme Weinbaugebiete.

SILBERLINDE *TILIA TOMENTOSA*

An den filzigen Blattunterseiten können sich keine Spinnmilben ansiedeln, und so verkleben unter diesen Linden weder Fenster noch Böden durch die Exkremente der Schädlinge.

Die aus Südosteuropa stammende Silberlinde ist die trockenheitsverträgliche Schwester unserer heimischen Linde. In Städten sollte nur mehr diese Linde gepflanzt werden, und Winter- und Sommerlinde sollten ausschließlich in heimischen Wäldern kultiviert werden. Diese Meinung vertrete ich aus drei Gründen: Erstens ist die Silberlinde aufgrund der viel besseren Verträglichkeit von Hitze und Trockenheit viel weniger krankheitsanfällig und daher die erste Wahl für ganz Ostösterreich und andere kontinentale Gebiete Mitteleuropas. Zweitens bieten die Blüten das weitaus bessere Bienenfutter, weil der Zuckergehalt im Blütennektar viel höher ist als bei allen anderen Linden. Natürlich ist der Baum dadurch auch für die Produktion der Lindenblüten für Tees bestens geeignet. Drittens gewährleistet die Silberlinde aber, dass unsere Städte und Fenster nicht mit den klebrigen Sekreten der Spinnmilben überzogen werden.

Die attraktive silberne Blattunterseite verhindert nämlich das Ansiedeln dieses Schmarotzers, was unsere Gehwege wegen der verminderten Rutschgefahr sicherer macht und die Reinigung von Autos und Wohnungsfenstern wieder auf erträgliche Intervalle reduziert. Mein Appell also an alle: Bitte die attraktive Silberlinde als bessere Alternative pflanzen!

TROCKENHEITSVERTRÄGLICHE BÄUME

ÜBERWINTERUNGSSCHUTZ

Links: Agave ovatifolia mitten im Winter. Sie erhielt noch nie Kälteschutz und hat noch in keinem Winter Schäden abbekommen.

Trotz eindeutigem Erwärmungstrend kann man weiterhin extreme Kaltlufteinbrüche in Europa nicht ausschließen. Als Binnenland fehlt in Österreich das Meer, um extreme Kälte aus nördlicher und östlicher Richtung abzuschwächen. Auch wenn die Winter immer wärmer werden, kann es in milden Lagen zu Schneefall und nachfolgendem Aufklaren des Himmels kommen. Diese Kombination wirkt bei Windstille wie ein Tiefkühler, denn durch die Wärmeabstrahlung über dem Schnee können sehr tiefe Temperaturen entstehen. Man spricht hier von Strahlungskälte. Es ist besonders wichtig für das erfolgreiche Überwintern und Schützen von frostempfindlichen Pflanzen, sich dieser meteorologischen Erscheinung bewusst zu sein.

DIE MEISTEN PFLANZEN STERBEN AN FALSCHEM WINTERSCHUTZ

Beim Winterschutz werden in den Gärten die meisten Fehler gemacht. Als wäre eine Vlieslobby daran interessiert mehr Umsatz zu machen, wird in allen Gartenmagazinen empfohlen, die empfindlichen Pflanzen im Winter einzupacken. Dieser Trend hat sogar den Mittelmeerraum erfasst, wo man plötzlich auch überall eingehüllte Pflanzen entdeckt, als wäre der Verhüllungskünstler Christo am Werk gewesen. Diese Verhüllungen und Verstrickungen sind aber der beste Weg, um die Pflanzen ins Nirvana zu befördern. Ein Einwickeln mit Vlies hilft nur, wenn es in einer Nacht im Herbst knapp an die Null geht. Damit kann man verhindern, dass empfindliche Blätter erfrieren, weil sich der Frost eine Schicht weiter außen am Vlies anlegt und die Blätter darunter geschützt werden. Das kann man zum Beispiel bei Pflanzen anwenden, die gar keine starke Kälte vertragen, um sie vor den ersten Frösten zu schützen. Im Hochwinter hilft diese Art des Schutzes aber gar nichts. Im Gegenteil, bei Strahlungskälte wird bei strengen Frösten die tiefere Temperatur meist genau unterhalb des Vlies gemessen, was durch einen physikalischen Prozess erklärt werden kann. Da eine Pflanze selbst ja nicht wie ein Säugetier Wärme produzieren kann, ist das Einwickeln höchst unsinnig und kontraproduktiv. So kann es gut sein, dass eine Palme nur aufgrund des gut gemeinten, aber falschen Winterschutzes eingeht. Würde man folgendes Experiment machen und bei einer Palme die Wedel zusammenbinden und sie mit

Vlies einwickeln und daneben eine andere schutzlos stehen lassen, so wäre fast immer die Palme ohne Winterschutz die, die am besten durch den Winter kommt – außer natürlich es ist so kalt, dass beide Exemplare erfrieren. Ich hab das im eigenen Garten ausprobiert und die meisten Palmen durch falsche Schutzmaßnahmen im Winter verloren. Der richtige Winterschutz muss sich die Abstrahlung der Erdwärme zunutze machen. Wenn man also ein doppeltes Vlies großflächig über den Garten ausbreitet, dann bewirkt dieser Winterschutz wirklich einiges. Achten muss man aber auch hier darauf, dass genau unter dem Vlies die tiefsten Temperaturen gemessen werden, deswegen ist eine doppelte Vliesschicht hier so wichtig. Zusätzlich kann man unter einem wasserabweisenden Vlies Stroh oder trockenes Laub um die Pflanzen geben. Wichtig ist aber, dass die Wärme vom Boden zu den Pflanzen aufsteigen kann. Winterharte Bananen kann man auch mit feuchtem Laub oder Rasenschnitt im Winter schützen, hier wirkt die Verrottungswärme zusätzlich als Winterschutz. Die Stämme der Bananen sind resistent auf mäßige Verrottungswärme und kommen so gut durch den Winter.

EMPFINDLICHE EXOTEN KANN MAN NUR MIT HEIZDRAHT SINNVOLL SCHÜTZEN

Hohe empfindliche Palmen kann man nur mit einem Heizdraht und einem Thermostat, der den Heizdraht ab einer gewissen Temperatur aktiviert, erfolgreich schützen. Über diesen Heizdraht mit Thermostat gebe ich einen doppelten atmungsaktiven und regenabweisenden dicken Vliessack. So überwintere ich meine empfindlichen Exoten ganz problemlos und relativ einfach. Man erspart sich das Schleppen schwerer Gefäße, die Pflanzen können im Garten einwurzeln und so viel vitaler wachsen. Man darf allerdings den Frost nicht unterschätzen, der in den Boden eindringt und die Wurzeln schädigen könnte. Deswegen sollte der Heizdraht zumindest einmal rund um den Stammansatz am Boden liegen, die Wärme steigt ja ohnehin nach oben. Den Vliessack gebe ich so locker wie nur möglich um die Pflanzen, damit sich ein warmer Luftpolster im Inneren hält, aber trotzdem bei Sturm wenig Angriffsfläche vorhanden ist. Da auch Licht durch das Vlies eindringt, kann man die Pflanzen so problemlos bis zum zeitigen Frühjahr im Schutz lassen. Als Beispiel für so einen Winterschutz möchte ich meinen Schutz an der Geleepalme (Butia) genauer erklären. Butias überleben Temperaturen bis fast −13 °C. Um keine Blattschäden zu bekommen, programmiere ich den Thermostat so, dass sich bei −6 °C der Heizdraht einschaltet, bei −4 °C schaltet sich der Heizdraht wieder aus. Wichtig ist, dass der Thermostat gut platziert ist und es zu keiner Überhitzung innerhalb des Schutzes kommen kann. Den Schutz bringe ich erst sehr spät an, damit die Pflanze möglichst lange in der frischen Luft steht. Erst wenn ein strenger Wintereinbruch vorhergesagt wird, wird die Palme eingepackt und verkabelt. Sobald der Hochwinter vorbei ist – Ende Februar oder Anfang März –, befreie ich die Palmen wieder vom Schutz. Auf diese Art bringt man auch empfindliche Pflanzen erfolgreich durch den Winter.

Leicht angezuckert wirken Yuccas und Zypressen ungewöhlich. Sie kommen aber mit den Wintern im Weinbauklima gut zurecht.

ERFOLGREICHE ÜBERWINTERUNG HÄNGT OFT ENG MIT DER BESCHAFFENHEIT DES BODENS ZUSAMMEN

Bei Oliven, Kakteen und Yuccas ist allerdings ein weiterer Faktor zur erfolgreichen Überwinterung extrem wichtig, und das ist der Untergrund. Schwere oder auch sandige Böden werden im Winter meist nass oder gatschig und sind dann für diese Pflanzen verheerend. Deswegen pflanze ich in Schotter, gemischt mit ein wenig Erde. Ein Anteil von zehn Prozent an nahrhafter Erde reicht hier. Wenn Yuccas oder Kakteen im Frühjahr gepflanzt werden und über den Sommer gut eingewurzelt sind, brauchen sie im Weinbauklima in Schotter gepflanzt auch keinen Nässeschutz. Das gilt natürlich nur für die härteren Vertreter, die ich in diesem Buch vorgestellt habe. Wer in einem winterfeuchten Klima in den Alpen, im Alpenvorland oder in Norddeutschland lebt, muss zur erfolgreichen Kultur von Wüstenpflanzen im Winter großflächig einen Nässeschutz aufbauen. Das kann mit Holzpflöcken und Polycarbonat-Stegplatten geschehen, oder man pflanzt an die Hausmauer und schützt mit mobilen Vordächern. Ich kultiviere nur Wüstenpflanzen, die ohne Regenschutz auskommen, weil ich diese Aufbauten im Winter hässlich finde und mir auch der Aufwand zu groß

ist. Ich habe allerdings die Erfahrung gemacht, dass das durchlässige magere Substrat wichtiger ist als das Dach zum Schutz vor Segen von oben. In sehr regenreichen Gebieten wird die Kultur von Sukkulenten im Freien nur für Sammler oder Spezialisten sinnvoll sein. Bei vielen Pflanzen gibt es aber Auslesen von kälteren Originalstandorten. So ist es zum Beispiel bei der Olive sinnvoller, eine spezielle Sorte zu kaufen, die kälteverträglich ist, als auf irgendeine No-Name-Olive aus dem Baumarkt zu setzen, die fast immer aufwändigen Winterschutz brauchen wird und langfristig wenig Überlebenschancen hat.

ONLINE ZUM BESSEREN GÄRTNER

Seit es Foren und Nachschlagemöglichkeiten im Internet gibt, ist das Gärtnern auf eine ganz neue Stufe gehoben worden. Erst das Durchkämmen vieler US-amerikanischer Foren hat mich persönlich auf die Idee gebracht, dass man hierzulande Agaven, Yuccas und Kakteen im Freien ausprobieren könnte. Später waren es dann die Internetforen, über die ich mit Hobbygärtnern, aber auch Wissenschaftlern und Professionalisten Kontakt knüpfen konnte, um zu erkennen, dass ich nicht der Erste war, der auf die Idee gekommen war, diese Pflanzen hierzulande im Freien zu kultivieren. Da sah ich vor über zehn Jahren schon Gärten mit Pflanzen, die ich mir so nicht erträumt hätte, und das machte mir zusätzlich Mut. Die Internetforen wurden in der Folge, nachdem ich einige Gleichgesinnte persönlich treffen konnte und sich so auch Freundschaften entwickelt hatten, der Weg, auf dem ich mit anderen Erfahrungen austauschen und auch detaillierte Fachfragen stellen konnte. Wen sonst kann man konsultieren, wenn man eine für den Garten neu entdeckte Agave auch bei sich ausprobieren will? Und so entstand eine Dynamik – nicht nur hierzulande, sondern auf der ganzen Welt – neue Pflanzen schneller bekannt zu machen und Erfahrungen auszutauschen. Das wäre vor der Erfindung des World Wide Web niemals so einfach und in diesem Ausmaß möglich gewesen.

DER ONLINE-VERKAUF VON PFLANZEN VERÄNDERT NACHHALTIG UNSERE GÄRTEN

Das Internet hat sich solcherart schnell überall auf die Pflanzenauswahl und Gestaltung von Gärten niedergeschlagen. Es entstanden alleine durch die stillen Mitleser in Internetforen eine Vielzahl an Gärten mit Raritäten und Exoten, wie es sie zuvor nie gegeben hatte. Leute, die einander nicht einmal persönlich kennen, geben Neulingen Tipps und Anregungen. Eine völlig neue Dynamik ist entstanden. Es ist wohl das Zeitalter des „Online-Gardening" angebrochen. Die Begeisterung über neu entdeckte Pflanzen für unsere Gärten kann sich heute blitzschnell auf andere übertragen. Jeder, der von einer neuen Pflanze etwas hört, kann diese über die Suchmaschine im Internet ausfindig machen und bestellen. Da gibt es längst keine Ländergrenzen mehr, und die Europäische Union ist für den Hobbygärtner äußerst hilfreich geworden. Man kann auch mit seiner Begeisterung und den Erfahrungen, die man gemacht hat, leicht andere Gartenliebhaber anstecken und so einen wahren Boom lostreten.

Immer beliebter werden auch Facebookgruppen zu bestimmten Gartenthemen. Dort kann man sich schnell austauschen, eigene Bilder aus dem Garten posten, viele Personen nach Erfahrungen fragen und Ratschläge weitergeben. Da werden sogar von Hobbygärtnern untereinander Pflanzen getauscht und per Post innerhalb Europas zugeschickt. So bin auch ich zu Raritäten gekommen, die nirgendwo käuflich zu erwerben gewesen wären.

DAS INTERNET ALS WÜHLKISTE FÜR INFORMATIONEN ÜBER PFLANZEN

Allgemeine Informationen zu den Pflanzen gibt es bei Wikipedia, Hortipedia oder privaten Seiten, und wer eine Fremdsprache beherrscht, kann zusätzlich auf Wikipedia in dieser Sprache suchen. Sehr hilfreich sind auch US-amerikanische oder englische Gartenforen. Wenn ich früher wissen wollte, wie winterhart eine hier nahezu unbekannte Pflanze ist, habe ich in die Suchmaschine den lateinischen Pflanzennamen zusammen mit dem Wort „hardiness" oder „hardy" eingegeben. So kommt man schnell zu den unterschiedlichsten Websites von Händlern und Informationsseiten oder auch Gartenforen. Teilweise werden dann die USDA-Klimazonen angegeben, die ich in einem früheren Kapitel vorgestellt habe. Diese Informationen sind aber mit Vorsicht zu genießen, und ich würde immer die Angaben mehrerer Internetseiten miteinander vergleichen und entsprechend kritisch betrachten. Wenn man eine Angabe für übertrieben hält, empfiehlt es sich in einem Gartenforum

noch die Meinung anderer Gartenliebhaber einzuholen. Am besten ist es aber natürlich, selber im Garten auszuprobieren, was funktioniert und was nicht. Jeder tut gut daran sich beraten zu lassen und auf die Erfahrung anderer zu hören, aber die Bedingungen sind in jedem Garten etwas anders, und so wird man erst durch die eigene Erfahrung klug werden. Eine hundertprozentige Anwuchsgarantie gibt es ja für das Sortiment im Bauhaus oder in der Gärtnerei auch nicht. Man kann sich immer nur informieren und dann bestmöglich handeln und abwarten, wie sich die Pflanzen letztendlich im eigenen Garten entwickeln.

WER WAGT, GEWINNT

Dabei macht es gerade im Garten Spaß, experimentierfreudig zu sein. Denn wie heißt es so schön, „no risk – no fun": Nur wenn man etwas wagt, wird man auch im Garten gewinnen. Für mich war auch immer die Trockenheit am Ostufer des Neusiedler Sees ein Thema. Pflanzen, die nicht ausreichend trockenheitsverträglich sind, pflanze ich im Normalfall nicht. Nur einige Bereiche sind so konzipiert, dass sie auch regelmäßig gewässert werden müssen. Der weitaus größte Teil des Gartens ist so angelegt, dass keine Bewässerung notwendig ist. Oft gab es da auf deutschsprachigen Internetseiten, aber auch in der Literatur kaum relevante Informationen, da Trockenheit in Deutschland nicht gleichzusetzen ist mit Trockenheit im pannonischen Osten Österreichs. Während man in Deutschland Himbeeren oder Brombeeren an trockener Stelle in der Sonne pflanzen kann, würden die Pflanzen hier vertrocknen und die Früchte in der Sonne verbrennen. Deswegen hab ich mir dann wieder angewöhnt, auf Englisch zu suchen. Gerade in den USA sind auch „drought tolerant trees" oder „shrubs" (Sträucher) ein Thema. Wenn in Alabama oder Texas ein Baum als trockenheitsverträglich gilt, kann man das sicher auch für den Osten Österreichs gelten lassen. Es reicht in die Suchmaschine den lateinischen Namen der Pflanze und das Wort „drought" oder „drought tolerant" einzugeben.

Von den vielen Pflanzen, die ich über die Jahre ausprobiert habe, haben sich viele wieder verabschiedet, dabei sind die meisten aber vertrocknet und nicht erfroren. Gerade bei den Angaben zur Frostverträglichkeit muss man sehr vorsichtig sein. Anfänglich habe ich Sensationsmeldungen im Internet viel zu leichtgläubig aufgenommen und Exoten ausgepflanzt, die mittlerweile überall in Mitteleuropa erfroren sind. Da bin ich jetzt schon viel vorsichtiger geworden und hole verschiedene Meinungen ein. Manche Hobbygärtner behaupten eine Pflanze hätte zum Beispiel −17 °C überlebt, verraten dabei aber nicht, dass sie bestens geschützt an der Hausmauer stand oder unter einer dichten Schicht Laub. Gesunde Skepsis und kritisches Hinterfragen von so mancher Meinung im Netz ist da sicher ganz hilfreich. Genauso wichtig ist es aber herauszufinden, wie bestimmte Raritäten und Neuheiten mit dem jeweiligen Boden und der Wasserversorgung vor Ort zurechtkommen.

Im Altweibersommer zieren Spinnweben die Blütenstände der Lagerstroemien.

ONLINE-GARDENING: VOM AUSTAUSCH GEGENSEITIG LERNEN

Der große Vorteil von Internetforen ist, dass man begleitend zur Anlage eines Gartens ständig Erfahrungen austauschen und schon vor einem geplanten Gartenprojekt Informationen einholen kann. Aber so richtig Spaß macht es erst, wenn daraus ein Geben und Nehmen wird; wenn jeder Bilder davon zeigen kann, wie sich der Garten weiterentwickelt hat und der Erfahrungsaustausch nicht einseitig ist. In letzter Zeit erkennt man aber doch deutlich, dass die klassischen Foren an aktiven Mitgliedern verlieren und Facebook derzeit auf dem Vormarsch ist. Hier ist es noch viel einfacher mit einem Klick sein Gefallen oder sonstige Emotionen zu einem Posting abzugeben. So werden die Gruppen an Interessenten größer, aber zugleich sieht man im Normalfall auch, mit wem man es zu tun hat. In den meisten Gartenforen kann man sich unter einem Pseudonym verstecken, ohne jemals wirklich preiszugeben, wer man ist oder wie man aussieht. Auch die zunehmende Tendenz zur Verwendung von Smartphones anstelle von PCs oder Laptops lässt die Gartenfreunde auf Facebook ausweichen. Noch nie war das Fotografieren und Hochladen von Bildern so einfach wie derzeit mit Facebook. Aber wer weiß, was die Zukunft bringen wird. In jedem Fall werden durch die neuen Medien Gartentrends viel schneller verbreitet, und es können Informationen unbeschränkt über Landesgrenzen hinweg weitergegeben werden, wie es zuvor nie möglich war. Das alles wird sich bei der Pflanzenauswahl und der Gestaltung unserer Gärten auch sicher in Zukunft noch kräftiger niederschlagen. Deswegen glaube ich, dass man von einem neuen Zeitalter des Gärtnerns sprechen kann, eben dem Online-Gardening.

Ein bunt-freudiges Potpourri von Herbstastern gehört für mich in jeden Garten.

EIN LEITFADEN DURCHS INTERNET

Eine frisch ausgepackte Pflanzenlieferung aus England. Es ist erstaunlich, dass selbst die Blütenstände die Reise fast unversehrt überstanden haben.

Nun bestelle ich schon seit rund 15 Jahren Pflanzen aus dem Internet. So sind zwar viele Raritäten in meinen Garten gekommen, aber bei weitem nicht alle. Mediterrane Pflanzen habe ich viele mit dem Auto direkt aus Italien oder Ungarn geholt, andere im Koffer oder Handgepäck aus Spanien und Irland. Ich liebe nichts mehr als auf Raritätenbörsen nach meinen Favoriten zu suchen. Ein Fixpunkt ist für mich jedes Jahr die Raritätenbörse im Botanischen Garten der Universität beim Wiener Belvedere. Dort trifft man auch andere Pflanzenfreaks, und im Gespräch mit den Kollegen kommt man schnell von einem Thema ins andere, schwärmt über jene Pflanze und begeistert sich an neuen Gewächsen. Da kann es dann schon vorkommen, dass man sich in der Euphorie gegenseitig so aufschaukelt, dass (zumindest in meinem Fall) mindestens dreimal so viele Pflanzen eingekauft werden wie geplant und das Budget solcherart endlos überzogen wird. Das führt dazu, dass ich mich immer wieder von Gesprächen losreißen muss und dann den Parkschein doch wieder um eine Stunde verlängere, bis entweder das Auto bis zum Dach mit Pflanzen angefüllt ist oder der Bankomat nichts mehr an Barem ausspuckt.

Das zweite Highlight im Jahr ist für mich die „Gartenlust" in Halbturn, das hängt nicht nur mit der geographischen Nähe zu meinem Garten, sondern auch mit der wunderbar entspannten Atmosphäre rund um das schöne Barockschloss zusammen.

OBWOHL NICHTS ÜBER RARITÄTENBÖRSEN UND GARTENMÄRKTE GEHT, NIMMT DOCH DIE PFLANZENVIELFALT DORT AB

Leider merkt man aber bei den meisten Gärten, dass das Angebot an Raritäten und Neuheiten auf dem Pflanzensektor kontinuierlich abnimmt. Die Accessoires rund um den Garten, Ornamente und Gartenmöbel und besonders auch die Kulinarik nehmen überall stark zu, und so besteht die Gefahr, dass sich all diese tollen Gartenmärkte mit der Zeit immer mehr in Richtung Jahrmarkt entwickeln, was natürlich sehr schade wäre. Genau das führt aber dazu, dass man erst wieder zuhause am Abend das Internet durchforstet, dabei in Ruhe überlegt, was man brauchen kann und was nicht, und dann eben eine Bestellung an einen Online-Shop abschickt. Oft habe ich lange Listen an Pflanzen, die ich unbedingt haben möchte, und wenn ich sie dann weder auf einem Gartenmarkt finden kann noch in einer Gärtnerei oder Baumschule, geht es eben nur noch per Versand. Mittlerweile sind die Verpackungskünste bei den meisten Anbietern so weit fortgeschritten, dass die Pflanzen in optimaler Qualität und ohne Schaden ankommen. Natürlich ist es besser zur kühlen Jahreszeit zu bestellen, denn Herbst und Frühjahr sind nicht nur die besten Pflanz-, sondern auch die besten Versandzeiten. Die Zustellung funktioniert meist sehr rasch über Zustelldienste. Sogar riesige Pflanzen werden verschickt, so kann man ausgewachsene Palmen und jahrhundertealte Olivenbäume vom Spediteur zustellen lassen. Ich glaube, mittlerweile gibt es nichts mehr, was auf diesem Sektor nicht zugestellt werden kann. Nachfolgend möchte ich die Websites vorstellen, bei denen ich schon öfter bestellt habe und die ich auch wirklich weiterempfehlen kann. Diese Liste ist sicher nicht vollständig und die Anbieter werden sich verändern, aber ich denke, sie ist ein guter Leitfaden für den Einstieg.

Neuigkeiten zu meinem Garten, Führungen und spezielle Veranstaltungen und Updates der hier angeführten Informationen und Links gibt es auf:
www.globalgardening.at

ANBIETER IN ÖSTERREICH:

Viele Gehölze habe ich in Österreich bei Praskac gekauft. Auch der Mitbewerber Starkl hat tolle Raritäten, aber Praskac hat noch immer den umfassendsten Katalog in Österreich. Man kann auch online bestellen, ich war allerdings immer vor Ort zum Shopping. Doch Vorsicht! Man nimmt viel mehr mit als geplant, wenn man vor Ort ist:
www.praskac.at

Winterharte Agaven, Yuccas, Kakteen, Mittagsblumen und andere Wüstenpflanzen zum Auspflanzen im Garten kann man aus der Steiermark bestellen. Dort gibt es auch einen beeindruckenden Schaugarten, den man zu bestimmten Anlässen auch besuchen kann:
www.wuestengarten.at

Wer ausgefallene Stauden sucht, findet ein enormes Angebot bei Sarastro-Stauden im Innkreis in Oberösterreich. Der Besitzer Christian Kress ist selber Buchautor und Pflanzensammler und schreibt regelmäßig im deutschen Gartenmagazin „Gartenpraxis". Hier habe ich auch alle meine russischen Phloxe und viele Blühpflanzen im Schotterbeet bestellt:
www.sarastro-stauden.com

Einen wunderschönen und sehr empfehlenswerten Schaugarten sowie eine tolle und umfangreiche Liste an Stauden hat auch Gärten Oberleitner. Hier gibt es aber noch keinen Online-Verkauf. Trotzdem begeistert mich das Angebot dort, deswegen auch zur weiteren Info hier der Link zur Homepage:
www.gaerten-oberleitner.at

Palmen und andere Raritäten, in Österreich hochgezogen, gibt es bei:
www.austropalm.at

ANBIETER IN DEUTSCHLAND:

Ein umfassendes Angebot an Stauden haben folgende Gärtnereien in Deutschland, die auf den Online-Versand spezialisiert sind:
www.stauden-stade.de
www.gaissmayer.de

Spezialist für trockenheitsverträgliche Präriestauden:
www.die-staudengaertnerei.de

Für Alpine, darunter auch solche aus Gebieten mit heißen Sommern:
www.floramontana.de

Der Kakteengarten ist mein absoluter Favorit in Deutschland für winterharte Kakteen. In Bayern gibt es auch einen Schaugarten. Die gelieferten Pflanzen waren von Top-Qualität! Man findet eine reiche Auswahl an winterharten Mittagsblumen und tolle Begleitpflanzen für trockene Hänge und Wüstenbeete:
www.kakteengarten.de

Alternativ dazu ein weiterer Kakteenanbieter:
chiemgau-kaktus.de

Viele meiner Pflanzen, darunter auch die ersten Lagerstroemien, die jetzt schon mächtige Sträucher sind, stammen von Dr. Lorek, der einen der ersten

Webshops für exotische Raritäten hatte. Er ist auch der Herausgeber des Magazins „Hortus exoticus", für das ich zahlreiche Artikel verfasst habe (nachzulesen auf www.exotenbuch.de). Die Auswahl an Pflanzen im Webshop ist inzwischen klein, aber fein. Einige der angebotenen Pflanzen sind echte Raritäten und sehr gut fürs Freiland geeignet:
www.tropengarten.de

Der Buchautor und Palmenspezialist Tobias W. Spanner war einer der Pioniere im Pflanzenversand. Er ist sicher nicht der günstigste Anbieter, kann aber mit einem reichen Sortiment und einer sehr übersichtlichen, hervorragend gestalteten und informativen Website mit eigenem Diskussionsforum aufwarten. In den Urzeiten des Online-Handels mit Pflanzen war er schon Spezialist im Verpacken und Versenden von Palmen und anderen exotischen Pflanzen. Das Geschäft befindet sich in München, aber der Versand erfolgt problemlos überallhin:
www.palmeperpaket.de

Ausgefallene Obstgehölze, darunter auch seltene Wildfrüchte und andere Gehölzraritäten, gibt es bei:
www.eggert-baumschulen.de

ANBIETER IN UNGARN:

Nicht jedem ist bewusst, dass Ungarn ein lange Tradition der Gartenkultur hat. Früher gab es bei einigen Herrschaftshäusern botanische Sammlungen mit einzigartigen Pflanzen. Aufgrund der heißen und trockenen Sommer bekommt man in Ungarn viele Pflanzen, die für Ostösterreich optimal sind, und es ist auch hier ein starker Trend zu exotischen Pflanzen zu beobachten. Da Yuccas in Ungarn besonders gut wachsen, gibt es hier gleich zwei Anbieter von Wüstenyuccas, wobei ich dazusagen muss, dass ich die Pflanzen immer selber abgeholt habe und ich nicht sagen kann, wie professionell verpackt wird. Beide Händler sprechen etwas Englisch und kein Deutsch! Ein Importshop für Yuccas aus Mexiko in Budapest:
www.palmakert.hu

Ein wunderschöner Schaugarten mit Blick auf den Plattensee und prächtige Pflanzen. Viele vitale, gut durchgewurzelte Yuccas aus europäischer Zucht:
www.egzotikuskerteszet.hu

ANBIETER IN DER SLOWAKEI:

Im Nachbarland Slowakei gibt es einen Anbieter für trockenheits- und hitzeverträgliche Steingartenpflanzen. Hier gibt es Rariäten, die kaum sonstwo erhältlich sind:
www.aquabiom.sk

ANBIETER IN BULGARIEN:

Gehen wir etwas weiter nach Südosten, nach Bulgarien. Plovdiv ist eine relativ winterkalte Stadt in Bulgarien, wo aber bereits mediterrane Pflanzen zu finden sind. Hier stehen ausgewachsene Hanfpalmen, die angeblich Fröste unter −20 °C überlebt haben. Wobei ich dazusagen muss, dass diese Informationen mit äußerster Skepsis zu betrachten sind. Niemand weiß, wie kalt es an dem Standort der Palmen wirklich war und ob nicht der Witterungsverlauf besonders günstig war, sodass diese Temperaturen kurzfristig

vertragen werden konnten. Es gibt keinerlei Beweise, dass die Nachzuchten härter sind als die gewöhnlichen Hanfpalmen (Trachycarpus), die überall erhältlich sind. Ich habe hier meine „winterharten" Oleander bestellt. Achtung! Einige Seiten kann man nur auf Englisch lesen. Die Pflanzen kommen aus dem Botanischen Garten in Plovdiv:
palmi.bg/de

Jetzt aber zu den Ländern, wo Gardening Teil des täglichen Lebens ist. Beginnen wir mit Holland:

ANBIETER IN DEN NIEDERLANDEN:

Esveld ist, was Gehölze betrifft, ein absoluter Spezialist. Hier gibt es Raritäten, die man sonst in Europa vergebens sucht. Ein Top-Anbieter! Die reiche Auswahl an Osmanthus oder Mahonia ist beeindruckend. Am besten einfach im Shop stöbern!
www.esveld.nl

Für seltene Palmen und andere Exoten gibt es in den Niederlanden folgende Webpage mit österreichischer oder deutscher Domain:
www.mypalmshop.at
www.mypalmshop.de

ANBIETER IN GROSSBRITANNIEN:

England kann man getrost als das Heimatland der Gartenkultur bezeichnen. Hier gibt es vielleicht die tollsten Gärten der Welt, mit einer Fülle an Raritäten und Neuentdeckungen. Leider versenden die wenigsten Gärtnereien nach Europa. Cotswold Garden Flowers ist aber verlässlich und verschickt Top-Qualität und Pflanzen, die zum Teil sehr groß sind und problemlos einwachsen. Die Härteangaben mit kritischem Auge betrachten, alles, was mit H6 als winterhart beschrieben wird, kann im Weinbauklima ausprobiert werden. H7 sollte für ganz Mitteleuropa gelten. Ich habe sogar Pflanzen mit der Winterhärteangabe H5 schon seit einigen Jahren erfolgreich im Garten. Diese Gärtnerei bietet gerade auf dem Staudensektor seltene trockenheitsverträgliche Neuheiten aus dem Nahen Osten und Zentralasien von Pflanzenexpeditionen, die sonst niemand bereithält. Plant Hunting feiert ja in England ein Revival, wie man es seit der viktorianischen Zeit nicht mehr erleben konnte:
www.cgf.net

Nick Macer von Panglobalplants gehört zu den modernen Pflanzenjägern und verbringt viel Zeit mit Expeditionen in die entlegensten Gebiete der Welt. Dort sammelt er Samen von vermeintlich winterharten tropischen Pflanzen. Die Angaben bezüglich Winterhärte sind nur für England relevant, man erkundigt sich am besten selbst auf Foren, ob jemand die jeweiligen Pflanzen schon in Mitteleuropa ausprobiert hat:
www.panglobalplants.com

Zu guter Letzt kommt noch ebay. Ich bin kein großer Fan, aber manche Pflanzen bekommt man nur hier. Anbieter auf ebay sind zum Beispiel The Lost World Nursery in England,
thelostworldnursery.myshopify.com,
und Jurassic Plants, wo ich zum etwa meinen Kreta-Ahorn (Acer sempervirens) erstanden habe:
www.treeonlinenursery.co.uk

Acer sempervirens 235
Achillea pannonica 36, 78, 125, **172**
Aconitum 142
Agapanthus 110, **184**
Agapanthus africanus „Navy Blue" 184
Agapanthus ssp. angustifolius 184
Agastache 110, 113, 172, **179**
Agastache barbieri „Firebird" 179
Agave 22, 35, **160**
Agave 22, 35, 116, **160**
Agave americana **160**
Agave gracilipes **160**
Agave havardiana 116, **160**
Agave megalacantha 116, **160**
Agave neomexicana 116, **160**
Agave ovatifolia 116, **160,** 216
Agave parryi 116, **160**
Akelei 71
Albizia julibrissin **197**
Albizia julibrissin „Ombrella" **197**
Albizia julibrissin „Summer Chocolate" **197**
Alcea rosea 75, 79, 86, 182
Algerische Eiche 201
Allium christophii 73
Althea cannabina 110, 113
Amelanchier lamarckii 99
Anden-Tanne 63
Anemone hupehensis 119, **202**
Anemone japonica 40, 119, **202**
Anemone tomentosa „Robustissima" 40, 119, 147, 191, **202–203,** 205
Antirrhinum majus 110, 113
Apfel 125, 127
Aquilegia 71
Araucaria 63
Arbutus unedo 54, 55
Arizona-Zypresse 59, 142
Asimina triloba 99
Aster 43
Aster novae-angliae **203**
Aster novi-belgii 191, **203**
Atlas-Zeder 63, **168**
Aztekenperlen-Orangenblume 138
Bambus 67, 136, **199**
Banane 126, 127
Bartfaden 35, 106, 109, 177, **178,** 179, 183

Baumpäonie 206, **207**
Birne 99, 125
Blasenesche **213**
Blauraute 110, 172, **183**
Brazoria-Sabalpalme **171**
Brombeere 99
Bromelie
Broussontia papyrifera **215**
Brustbeere 127
Buddleja 11
Buschnelke 110
Butia capitata 53, 218
Calamagrostis epigejos 69, 75, **166**
Calamagrostis x acutiflora „Karl Foerster" 166
Calla 12
Cedrus atlantica 63, **168**
Cedrus deodara 63, **168**
Cedrus libani 61, 63, **168**
Celosia argentea 113
Celtis australis 56, 61
Centaurea salonitana 45
Centranthus ruber 15, 90
Cephalaria gigantea 74, 85, 144, 153
Cercis siliquastrum 61, 63, 210, **214**
Chimonanthus praecox 147, 151
Chinaschilf 56, 149
Chinesische Hanfpalme 119, **170–171**
Chinesische Winterblüte 147, 151
Chionanthus virginicus 100
Choisya ternata 138
Choisya ternata „Aztec Pearl" 138
Chrysantheme „Ceddie Mason" 142
Chrysanthemum „Ceddie Mason" 142
Chrysanthum 43, 142
Cistus 85, 94
Clerodendron trichotomum 12, 27
Coreopsis tinctoria 42, 113, **172,** 180, 182
Cornus controversa „Pagoda" 11
Cortaderia selloana „Pumila" 63, 149
Crambe maritima 110
Cupressus arizonica 59, 142
Cupressus sempervirens 55, 59, 142, **168**
Currykraut 94
Cyclamen coum 119
Cylindropuntia imbricata 30, 33, 116, **164**
Cyrtomium falcatum 40, 41, 119

Dasylirion wheeleri 29
David Austin Rose „Graham Thomas" 43, 45
Delosperma 110
Delosperma „Fire Spinner" **159**
Delosperma „Gold Nugget" **159**
Delosperma „Graaff-Reinet" **159**
Delosperma „Jewel of the Desert Garnet" **159**
Delosperma „Kelaidis" **159**
Delosperma „Kelaidis" **159**
Delosperma „Lesotho" **159**
Delosperma cooperi 33, **159**
Delphinium consolida 86, 110, 113
Dianthus 110
Diospyros kaki 125, 127, 134, 196
Diospyros kaki „Dunaji" **196**
Diospyros kaki „Hirotanenashi" **196**
Diospyros kaki „Korea" **196**
Diospyros kaki „Kostata" **196**
Diospyros kaki „Sharon" **196**
Diospyros kaki „Tipo" **196**
Dipsacus fullonum 142
Dorotheanthus bellidiformis 113
Duftblüte 96, 138, 140
Duftnessel 110, 113, 172, **179**
Duftschneeball 140, 147
Echinacea 42, 180
Echinocereus reichenbachii 116
Echinocereus triglochidiatus 116
Echinops ritro ssp. Ruthenicus „Veitch's Blue" 19, 75, 155, **182**
Echter Meerkohl 110
Echtes Federgras **166**
Eibe 138, 140
Eiche 63, **200-201**
Einjährige Mittagsblume 113
Einjähriger Rittersporn 86, 110, 113
Einjähriges Mädchenauge 42, 113, **172,** 180, 182
Einjähriges Silberblatt 86
Eisenhut 142
Eleagnus ebbingei 96, 138
Eragrostis 149
Eranthis hyemalis 119, 147
Erdbeerbaum 54, 55
Erdbeere 99
Eremurus stenophyllus 45, 53

Erigeron karvinskianus 110
Eschscholzia californica 73, 112, 113
Etagen-Hartriegel 11
Eucalyptus gunnii „Azura" 67
Eukalyptus 67
Euphorbia characias 110
Fächer-Eberesche 142
Fackellilie 42, 52, 73, 110, **158**
Feige 54, 55, 99, 127, **192**
Feigenkaktus **164**
Felsenbirne 99
Festuca glauca 110
Ficus carica 54, 55, 99, 127, **192**
Ficus carica „Brogiotto Nero" **192**
Ficus carica „Dalmatie" **192**
Ficus carica „Longue d'Août" **192**
Fiederschnittige Perowskie **183**
Filzige Herbstanemone 40, 119, 147, 191, **202–203,** 205
Flieder 140
Forsythie 11, 140
Fraxinus ornus 56, 61, 63
Frühlingstamariske 140
Fuchsie 24
Funkie 35, 119
Gaillardia 42, 105, 110, 115
Galanthus nivalis 119, 147
Gaura lindheimeri 26, 43, 102, 106, 109, 110, 113, **172**
Gazania linearis 67, 110
Gazanie 67, 110
Gefüllter Schneeball 97
Geleepalme 53, 218
Gemeine Pfingstrose **207**
Glanzliguster 138
Glanzmispel 137, 138
Glattblatt-Aster 191, **203**
Goldlöckchen 11, 140
Granatapfel 29, 99, 127, 134, 189, **194**
Grannen-Schildfarn 40, 119
Griechischer Bergtee 33, 110
Gypsophila paniculata 106, 110
Haar-Pfriemengras 110, **166**
Hahnenkamm 113
Hamamelis 147
Hanfblättriger Eibisch 110, 113

Hanfpalme 15, 23, **170–171**
Heiligenkraut 9, 29, 30
Heliopsis 42, 182
Heliopsis scabra 73
Helleborus 40, 41, 119, 147
Helleborus argutifolius 40
Helleborus x hybridus 40
Herbstanemone 119, **202**
Herbstaster 73, 142, 147, **203,** 227
Herbstchrysantheme 43, 142
Hesperaloe campanulata 116
Hesperaloe parviflora 116
Hibiscus moscheutos **202**
Hibiscus newbiscus mauvelous **202**
Hibiscus syriacus 136
Himalaya-Zeder 63, **168**
Himbeere 99
Holunder 99
Hosta 35, 119
Immergrüne Ölweide 96, 138
Immergrüner Schneeball 140, 142
Indianerbanane 99
Indianerflieder 11,72, 134, 137, 142, **156**
Iris barbata-elatior **181**
Iris barbata-nana **181**
Iris germanica 110, **181**
Iris germanica „Crimson Tiger" **181**
Iris germanica „Queen for a Day" 173
Iris nana 110, 113, 142
Iris pumila **181**
Japanische Anemone 40, 119, **202**
Japanischer Liguster 100, 136, 138
Japanischer Losbaum 12, 27
Japanischer Schnurbaum 63, **212**
Jasminum nudiflorum 147
Judasbaum 61, 63, 210, **214**
Jungfer im Grünen 45
Kaki 125, 127, 134, **196**
Kakteen **164,** 221
Kalifornischer Baummohn 24
Kalifornischer Mohn 73, 112, 113
Kamelie 23
Karl-Foerster-Gras **166**
Karotte 153
Kermeseiche **200–201**
Kirsche 125

Kirschlorbeer 138, 140
Kniphofia 42, 52, 73, 110, **158**
Kniphofia „Safranvogel" **158**
Kniphofia „Bees' Lemon" **158**
Kniphofia „Ice Queen" **158**
Kniphofia „Minister Verschuur" **158**
Kniphofia „Moonstone" **158**
Kniphofia „Nancy's Red" **158**
Kniphofia „Nobilis" **158**
Kniphofia „Primrose Upward" **158**
Kniphofia „Wrexham Buttercup" **158**
Kniphofia northiae **158**
Koelreuteria paniculata **213**
Kokardenblume 42, 105, 110, 115
Königskerze 30, 110
Korkeiche 63
Kreppmyrte 11,72, 134, 137, 142, **156**
Kreta-Ahorn 235
Krokus 113
Kumaon-Hanfpalme **171**
Kürbis 153
Lagerstroemia 11,72, 134, 137, 142, **156**
Lagerstroemia „Coccinea" **156**
Lagerstroemia „Dynamite" **156**
Lagerstroemia „Natchez" **156**
Lagerstroemia „Nivea" **156**
Lagerstroemia „Sioux" **156**
Lagerstroemia „Tonto" 1 **156**
Lagerstroemia „Tuskegee" **156**
Lagerstroemia „Yuma" **156**
Lagerstroemia indica x fauriei **156**
Lampenputzergras 110
Lavandula angustifolia 29, 82, 93, 94, 106
Lavendel 29, 82, 93, 94, 106
Leycesteria formosa „Purple Rain" 142
Leycesteria formosa „Purple Rain" 142
Libanon-Eiche **200–201**
Libanon-Zeder 61, 63, **168**
Liebesgräser 149
Ligustrum japonicum 100, 136, 138
Ligustrum lucidum 138
Linde 56
Linum austriacum 28
Löwenmäulchen 110, 113
Lunaria annua 86
Lychnis coronaria 43

Mahonia bealei 63, 119
Mahonia longibracteata 63, 119
Mandel 99, 125, 127
Mangold 153
Manna-Esche 56, 61, 63
Marille 99, 125, 127
Melanzani 153
Melia azedarach 63
Melica transsilvanica 110, **166**
Mexikanisches Federgras 29, 90, 110, **166**
Mexikanisches Gänseblümchen 110
Miscanthus sinensis 56, 149
Mittagsblume 33, 110, **159**
Mittelhohe Schwertlilie **181**
Mittelmeer-Schneeball 136, 137, 138
Mittelmeer-Zypresse 55, 59, 142, **168**
Mohnblumen 86
Mönchspfeffer 140, **189**
Morus nigra 99
Musa basjoo 126, 127
Muskatellersalbei 4, 100
Nadelpalme **171**
Neuseeländer Flachs 63
Nieswurz 40, 41, 119, 147
Nigella damascena 45
Nordamerikanisches Sonnenauge 73
Olea europea 22, 35, **193**, 221
Olea europea „Aglandou var. Crepiam" **193**
Olea europea „Ascolana tenera", „Ascolano" **193**
Olea europea „Bianchera" **193**
Olea europea „Cornicabra" **193**
Olea europea „Hojiblanca" **193**
Olea europea „Leccino" **193**
Olea europea „Morchione" **193**
Oleander 22
Olive 22, 35, **193,** 221
Opuntia chlorotica 116, **164**
Opuntia engelmannii 116, **164**
Opuntie 33, 35, 116
Orangenblume 138
Oregano 94, 182
Orlaya grandiflora 81, 113
Osmanthus armatus 96, 138, 140
Osmanthus decorus 138
Osmanthus fortunei 138
Osmanthus fragrans 138

Osmanthus heterophyllus 138
Osmanthus x burkwoodii 138
Österreichischer Lein 28
Paeonia 42, **207**
Paeonia lactiflora 204, **207**
Paeonia officinalis **207**
Paeonia suffruticosa 206, **207**
Palisaden-Wolfsmilch 110
Palmen **170–171**
Pannonische Schafgarbe 36, 78, 125, **172**
Papaver rhoeas 86
Papiermaulbeere **215**
Paprika 153
Passiflora caerulea 56
Passionsblume 56
Pastinake 153
Paternosterbaum 63
Paulownia tomentosa **213**
Paulownie **213**
Pennisetum 110
Penstemon 35, 106, 109, 177, **178,** 179
Penstemon „Windsor Red" 178, **183**
Perovskia 110, 172, **183**
Perovskia abrotanoides **183**
Perovskia atriplicifolia „Blue Spire" **183**
Perovskia scrophulariifolia **183**
Persische Eiche **201**
Pfahlrohr 54
Pfingstrose 42, **207**
Pfirsich 99
Pfriemenginster 28, 29, **208**
Phillyrea angustifolia 138
Phlomis fruticosa 9, 29, 30, 110
Phlox 43, **186**
Phlox 43, **186**
Phlox paniculata „Uralskie Skazy" **186**
Phlox paniculata „Graf Zeppelin" **186**
Phlox paniculata „Gzehl" **186**
Phlox paniculata „Ostinato" **186**
Phlox paniculata „Peppermint Twist" **186**
Phlox paniculata „Taras Schevtschenko" **186**
Phormium tenax 63
Photinia fraseri „Red Robin" 137, 138
Phyllostachys aureosulcata „Spectabilis" 67, **199**
Phyllostachys bissetii 67, **199**
Phyllostachys nigra **199**

Phyllostachys vivax „Aureocaulis" 67, **199**
Pinie **168**
Pinus pinea **168**
Polystichum setiferum 40, 119
Polystichum setiferum „Plumosum Densum" 119
Polystichum setiferum „Proliferum Herrenhausen" 119
Portugiesische Eiche **201**
Portulaca grandiflora 113
Portulakröschen 113
Prachtkerze 26, 43, 102, 106, 109, 110, 113, **172**
Prunus laurocerasus „Etna" 138, 140
Punica granatum 29, 99, 127, 134, 189, **194**
Punica granatum „Alba" **194**
Punica granatum „Almaty" **194**
Punica granatum „Legrellei" **194**
Punica granatum „Mollar de Elche" **194**
Punica granatum „Rubra Plena" 9, **194**
Pyrenäen-Eiche **200–201**
Quercus canariensis 201
Quercus cerris 63, **200–201**
Quercus coccifera **200–201**
Quercus faginea **201**
Quercus frainetto **200–201**
Quercus ilex **201**
Quercus libani **200–201**
Quercus macranthera **201**
Quercus pyrenaica **200–201**
Quercus suber 63
Quercus turneri „Pseudoturneri" **200**
Quercus x hispanica „Ambrozyana" **201**
Quercus x hispanica „Lucombeana" **201**
Quercus x hispanica „Fulhamensis" 63, **201**
Rankbohne 153
Ranunculus ficaria 40
Raublatt-Aster **203**
Rauschopf 29
Reitgras 69, 75, **166**
Rhapidophyllum hystrix **171**
Rhododendron 23
Riesenfedergras 4, **166**
Riesenschuppenkopf 74, 85, 144, 153
Rohrkolben 130
Romneya coulteri 24
Rose 43, 45
Roseneibisch 136

Rosmarin 28, 29, 94
Rudbeckia 42, 180, 182
Rudbeckie 42, 180, 182
Runzlige Perowskie **183**
Ruthenische Kugeldistel 19, 75, 155, **182**
Sabal brazoriensis oder Sabal x texensis **171**
Sabal minor **171**
Salbei 9, 82, 106
Salvia greggii 11, 35, 109, 110, 113, 172, 173, **177,** 183
Salvia microcarpa 11, 110
Salvia microphylla 177
Salvia nemorosa 119, 122, 125, 172, **180**
Salvia nemorosa „Schwellenburg" 180
Salvia officinalis 9, 82, 106
Salvia pratensis 179
Salvia sclarea var. turkestanica 4, 100
Salvia x jamensis „Sierra San Antonio" 177
Samtnelke 43
Sandrohr „Karl Foerster" 166
Santolina chamaecyparissus 9, 29, 30
Scabiosa 125
Scharbockskraut 40
Schleierkraut 106, 110
Schmalblättrige Steinlinde 138
Schmucklilie 110, **184**
Schneeflockenstrauch 100
Schneeglöckchen 119, 147
Schneerose 40, 41, 119, 147
Schwarze Maulbeere 99
Schwarzer Bambus **199**
Schwertlilie 110, 173, **181**
Seidenschlafbaum **197**
Sichelfarn 40, 41, 119
Sideritis syriaca 33, 110
Siebenbürgisches Perlgras 110, **166**
Silber-Perowskie **183**
Silberlinde 63, **215**
Skabiosen 125
Sommerflieder 11
Sonnenauge 42, 182
Sophora japonica 63, **212**
Sorbus scalaris 142
Spargel 151
Spartium junceum 28, 29, **208**
Sphaeralcea „Newleaze Coral" 110, 113, 115

Spierstrauch 11
Spiraea 11
Split-Flockenblume 45
Spornblume 15, 90
Sporobolus 110
Staudenpfingstrose 204, **207**
Stechpalme 63, 119
Steineiche **201**
Steppengräser **166**
Steppenkerze 45, 53
Steppensalbei 119, 122, 125, 172, **180**
Stipa capillata 110, **166**
Stipa gigantea 4 100, 110, **166**
Stipa pennata **166**
Stipa tenuissima 29, 90, 110, **166**
Stockrose 43, 75,79, 86, 182
Strahlen-Breitsame 81, 113
Strauchiges Brandkraut 9, 29, 30, 110
Sukkulenten **164,** 221
Sumpfeibisch **202**
Süße Duftblüte 138
Tamarix parviflora 140
Thalictrum 119
Thalictrum delavayi „Hewitt's Double" 119
Thalictrum elegans „Elin" 119
Thuje 138
Thymian 94
Tilia tomentosa 63, **215**
Tomate 153
Trachycarpus 15, 23, **170–171**
Trachycarpus fortunei 119, **170–171**
Trachycarpus takil **171**
Tragopogon pratensis 15
Turners Eiche **200**
Typha 130
Ungarische Eiche **200–201**
Ungarische Linde 63, **215**
Verbascum bombyciferum 30, 110
Verbena bonariensis 63
Verbena bonariensis 63
Vernonia 42
Viburnum burkwoodii 140, 147
Viburnum opulus „Roseum" 97
Viburnum pragense 140, 142
Viburnum tinus 136, 137, 138
Vitex agnus-castus 140, **189**

Walzungen-Agave 116, **160,** 216
Weichsel 99
Wiesenbocksbart 15
Wiesenraute 119
Wiesensalbei 179
Wilde Karde 142
Winterjasmin 147
Winterlinge 119, 147
Woodwardia 40
Woodwardia radicans 119
Woodwardia unigemmata 119
Wüstenfuchsie 11, 24, 110
Wüstenmalve 110, 113, 115
Wüstensalbei 11, 35, 109, 110, 113, 172, 173, **177,** 183
Wüstenyucca 9, 19, 23, 29, 30, 33, 37, 56, 95, 116, 162, **163**
Ysop 94
Yucca 22, 28, 35, 37, 38, 109, 130, 134, **163,** 221
Yucca faxoniana 29, 116, **163**
Yucca gloriosa **163**
Yucca linearifolia 116
Yucca pallida 162, **163**
Yucca recurvifolia **163**
Yucca rostrata 23, 29, 30, 33, 37, 56, 95, 116, 162, **163**
Yucca rostrata „Green" 9, 19
Yucca thompsoniana 116
Zantedeschia aethiopica 12
Zaubernuss 147
Zauschneria californica 11, 24, 110
Zeder 63
Zerreiche 63, **200–201**
Zierlauch 73
Zistrose 85, 94
Ziziphus jujuba 99
Zucchini 153
Zürgelbaum 56, 61
Zwergpalmettopalme **171**
Zwergpampasgras 63, 149
Zwergschwertlilie 110, 113, 142
Zwergschwertlilie 181
Zwetschke 125
Zypresse 11, 134

Thomas Amersberger studierte Landschaftsökologie und Landschaftsgestaltung an der Universität für Bodenkultur in Wien sowie Anglistik und Geographie in Wien und Madrid. Drei Jahre verbrachte er in London, wo er an der School of Audio Engineering mit Diplom abschloss. Seit 17 Jahren arbeitet der Gartenexperte als Künstleragent in Wien und hat in der Vergangenheit bereits zahlreiche Artikel in Garten- und Fachmagazinen veröffentlicht. Seit seiner Kindheit sammelt er Pflanzen, und bereits als kleiner Junge gestaltete er eine naturnahe Ecke im Garten seiner Eltern. Dort schlug sich erstmals seine Leidenschaft für seltene und exotische Pflanzen nieder. 2002 erwarb er ein Grundstück am Neusiedler See, das mittlerweile auf über 4.000 m² gewachsen ist und rund 2.000 verschiedene heimische und exotische Pflanzenarten vereint, von denen viele erstmals in einen naturnahen Garten integriert wurden.

Christoph Böhler ist Absolvent der Höheren Graphischen in Wien im Fach Fotografie. Nach seiner Ausbildung arbeitete er als Fotograf sechs Monate in Paris und danach ein Jahr in Australien, wo er reichlich Erfahrungen sammeln konnte. Seit 2000 ist er freier Fotograf und hat sich mit seinen Bildbänden „Wien – Paris. Zwei Städte, eine Faszination" und „Der Wiener Stephansdom" sowie einer großangelegten Ausstellung in der Rotenturmstraße in Wien einen Namen gemacht. Im Jahr 2008 begann die Zusammenarbeit mit der Künstleragentur Amersberger, seitdem lichtet er viele bekannte Künstler ab und kümmert sich um deren Plakate und Promotion. Über sieben Jahre begleitet er nun auch regelmäßig das Gartenprojekt am Neusiedler See, das er fotografisch zu allen Jahreszeiten dokumentiert.